Adolph Hess

Über den Ausfluss der Luft aus engen Öffnungen

Adolph Hess

Über den Ausfluss der Luft aus engen Öffnungen

ISBN/EAN: 9783744634595

Hergestellt in Europa, USA, Kanada, Australien, Japan

Cover: Foto ©Andreas Hilbeck / pixelio.de

Weitere Bücher finden Sie auf **www.hansebooks.com**

Ueber
den Ausfluss der Luft aus engen Oeffnungen.

Inaugural-Dissertation,

welche

mit Genehmigung der hochlöblichen philosophischen Facultät zu Marburg

zur

Erlangung der Doctorwürde und der venia docendi

am 11. August 1866

öffentlich vertheidigen wird

Adolph Edmund Hess
aus Marburg,
z. Z. Assistent am math.-phys. Institut der Universität Marburg.

MARBURG.
Druck von Joh. Aug. Koch.

Seinem Oheim,

dem Professor, emer. Director des Helmstedter Gymnasiums
und Jubeldoctor

Philipp Carl Hoss

als Zeichen der Liebe und Anhänglichkeit

gewidmet

I.

Die Lehre von der Bewegung der Gase gehört unstreitig zu den schwierigsten und eben deshalb noch am meisten der Entwicklung bedürftigen Theilen der Mechanik. Was die theoretische Behandlung betrifft, so sind bekanntlich die allgemeinen Differentialgleichungen der Bewegung der Flüssigkeiten nur in äusserst seltenen, besonders günstigen Fällen integrabel, andererseits bietet die experimentale Untersuchung grosse Schwierigkeiten dar, die ebenfalls nur selten mit Glück überwunden werden. Die zahlreichen Anwendungen, die die Lehre vom Ausströmen der Gase in der Praxis findet, wie bei den Gebläsen, den Leuchtgasfabriken, den Dampf- und calorischen Maschinen u. s. w. haben besonders viele Versuche in dieser Hinsicht hervorgerufen; die Resultate derselben zeigen aber untereinander eine sehr wenig befriedigende Uebereinstimmung, welcher Umstand einmal den Beobachtungsmethoden, dann aber auch den zu Grunde gelegten Theorien zugeschrieben werden muss. Die Theorie des Ausströmens der Gase, welche zwar einen besonderen Fall der Bewegung der Gase behandelt, aber dennoch von den allgemeinen Bewegungsgesetzen derselben ausgehen muss, ist noch gegenwärtig als eine schwebende Frage zu bezeichnen, zu deren endgültigen Lösung die bis jetzt vorhandenen Versuche und unsere jetzigen Erkenntnisse über die Natur der Gase nicht ausreichend zu sein scheinen. Doch lässt sich hoffen, dass vermöge der grossen Fortschritte, welche in neuerer Zeit die mechanische Wärmetheorie macht, die vollständige Lösung dieses Problems in nicht allzuweiter Ferne stehen wird.

Um für die folgenden Betrachtungen, welche einem speciellen Falle des Ausströmens der Gase gewidmet sein sollen, einen Anhaltspunkt zu gewinnen, wollen wir uns zwei Räume denken, welche durch eine Scheidewand von einander getrennt seien und beide mit demselben Gase und zwar einem permanenten Gase, als dessen Repräsentanten wir atmosphärische Luft annehmen wollen, erfüllt sein mögen. Die in dem einen Raume, welchen wir den inneren nennen wollen, enthaltene Luft besitze die Pressung p, d. h, es herrsche hier der auf die Flächeneinheit bezogene Druck p, in dem anderen Raume, dem äusseren, finde der schwächere Druck p' statt; ausserdem sei die Temperatur in beiden Räumen dieselbe. Werden nun beide Räume durch eine in der Scheidewand angebrachte Oeffnung mit einander in Verbindung gesetzt, so wird durch dieselbe hindurch eine Ausgleichung stattfinden, dergestalt, dass die stärker comprimirte Luft aus dem inneren in den äusseren Raum überströmen wird. Es handelt sich nun darum, den Wert für die Geschwindigkeit zu bestimmen, mit welcher die Luft aus dem inneren in den äusseren Raum überströmt, wobei vorausgesetzt ist, es sei durch irgend welche Vorrichtung bewirkt, dass sowohl der Druck p im inneren, als der Druck p' im äusseren Raume constant dieselben bleiben.

Die älteren Mathematiker Euler, Bernouilli, d'Alembert bestimmten, indem sie von der Analogie, welche die Gase mit den tropfbar flüssigen Körpern darbieten, ausgingen, diesen Wert der Ausflussgeschwindigkeit durch den Ausdruck:

(a) $$v = \sqrt{2g \cdot \frac{h}{\delta}}$$

in welchem g die Beschleunigung der Schwere, h die Differenz der Manometerstände in den beiden Räumen und δ die Dichtigkeit des ausströmenden Gases bedeutet, wenn die der Manometerflüssigkeit, also z. B. die des Wassers gleich eins angenommen wird; wo also $\frac{h}{\delta}$ die Höhe der Gassäule bezeichnet, welche bei einer Dichtigkeit δ einen Druck, welcher der Differenz der in beiden Räumen herrschenden Drücke gleich ist, auszuüben im Stande ist. Als diese Dichtigkeit des ausströmenden Gases nahmen Bernouilli u. s. w. die dem **inneren** Drucke entsprechende an, sie setzten also voraus, dass das Gas noch mit dieser Dichtigkeit ausströme. Hiernach würde die in der Zeiteinheit ausgeströmte, unter dem inneren Drucke gemessene Menge Gas angegeben durch:

(b) $$M = f \cdot \sqrt{2g \cdot \frac{h}{\delta}}$$

wenn f den Quadratinhalt der Ausflussöffnung bezeichnet, welcher Ausdruck für M dann analog, wie es beim Ausflusse tropfbarer Flüssigkeiten geschieht, noch mit einem s. g. Ausflusscoefficienten zu multipliciren ist, damit die Resultate der Versuche mit denen der Theorie in Uebereinstimmung gebracht werden.

Die angeführte Formel wurde fast allgemein angenommen, sie liegt den Berechnungen der zahlreichen über den Ausfluss der Luft angestellten Versuche von Banks, Lagerhielm, d'Aubuisson, Girard, Schmidt, Koch u. s. w. (man vergl. Gehlers physik. Wörterbuch Artikel Pneumatik) zu Grunde und wird auch noch in der neuesten Zeit in fast allen elementaren Lehrbüchern der Physik aufgeführt. Allein die grossen Differenzen, welche die Resultate jener Beobachtungen untereinander darboten, konnten unmöglich nur den Beobachtungsmethoden zugeschrieben werden, obgleich gerade hier oft scheinbar geringfügige Umstände, wie z. B. kleine Verschiedenheiten in der Form der Ausflussöffnungen das Resultat sehr modificiren konnten; es war vielmehr wahrscheinlich, dass in der Theorie nicht alle Umstande gehörig berücksichtigt oder irrtümliche Voraussetzungen zu Grunde gelegt worden seien.

Dem Franzosen Navier gebührt das grosse Verdienst, zuerst die Unzulänglichkeit der bisher befolgten Theorie erkannt und zugleich durch Aufstellung einer neuen Ansicht einen bedeutenden Fortschritt in der richtigen Erkenntnis jener Erscheinungen begründet zu haben. Navier zeigte, wie bei Ableitung jener Formel auf die Haupteigenschaft der Gase, ihre Ausdehnbarkeit, keine Rücksicht genommen und eben hierdurch gegen ein Hauptprincip der Mechanik, das von der Erhaltung der lebendigen Kräfte, verstossen worden sei. Er legte nun die Annahme zu Grunde, dass das ausströmende Gas sich bis zur Ausflussöffnung so weit ausdehne, dass es den äusseren Druck annähme, und leitete in seiner berühmten Abhandlung (in den Mémoires de l'académie roy. d. sciences T. IX.) für die Geschwindigkeit eines aus einem Raume von der constanten Pressung p in einem anderen von der constanten Pressung p' überströmenden Gases den Wert ab:

(c) $$v = \sqrt{2g\, k \log \operatorname{nat}\left(\frac{p}{p'}\right)}$$

Hierin ist $k = \frac{p}{\gamma}$, wenn γ die dem Drucke p und der herrschenden Temperatur t^0 entsprechende Dichtigkeit des Gases bezeichnet; k bedeutet also die Höhe einer Gassäule, deren Dichtigkeit überall gleich γ ist und die vermöge ihres Gewichtes den Druck p auf die Flächeneinheit ausübt. Demnach ist k für ein und dasselbe Gas eine nur mit der Temperatur veränderliche Grösse und berechnet sich z. B. für atmosphärische Luft aus der Gleichung:

$$k = \frac{0{,}76 \cdot 13{,}59 \cdot 1000}{1{,}2932} (1 + 0{,}003665\, t^0)$$
$$= 7990\, (1 + 0{,}003665\, t^0) \text{ in Metern,}$$

welche Zahl für andere Gase nur mit dem Werte des specifischen Gewichtes derselben in Beziehung auf Luft dividirt zu werden braucht.

Bei Ableitung der Formel (c) ist noch die Voraussetzung gemacht, dass ein Einfluss der Schwere auf die Bewegung des Gases vernachlässigt werden kann und ausserdem angenommen, dass die Grösse des Querschnittes der Ausflussöffnung gegen die des Behälters als unendlich klein angesehen werden darf.

Eine Vergleichung dieser Formel mit der älteren ergibt, dass beide für sehr geringe Druckunterschiede mit einander übereinstimmen; denn wir können die Gleichung $v = \sqrt{2g \cdot \frac{h}{\delta}}$, da $h = \frac{p-p'}{Q}$ und $\delta = \frac{\gamma}{Q} = \frac{p}{k \cdot Q}$, wo Q das Gewicht der Volumeneinheit der Manometerflüssigkeit bezeichnet, auch so schreiben:

$$v = \sqrt{2g \cdot \frac{k \cdot Q}{p} \cdot \frac{p-p'}{Q}} = \sqrt{2gk \cdot \frac{p-p'}{p}}$$

und die Naviersche Formel (c) ergibt, wenn wir $\log \text{nat}\left(\frac{p}{p'}\right) = -l\left(\frac{p'}{p}\right) = -l\left(1 - \frac{p-p'}{p}\right)$ in eine Reihe entwickeln

$$v = \sqrt{2gk\left[\frac{p-p'}{p} + \frac{1}{2}\left(\frac{p-p'}{p}\right)^2 + \cdots\right]}$$

Für sehr geringe Pressungsdifferenzen wird der Wert des Bruches $\frac{p-p'}{p}$ sehr klein, so dass seine zweite Potenz gegen die erste wird vernachlässigt werden können, und beide Formeln werden alsdann identisch; für stärkere Druckunterschiede dürfen dagegen die höheren Potenzen nicht vernachlässigt werden; und es erklärte sich so der Umstand, dass hierfür die Anwendung der älteren Formel zu abweichenden Resultaten geführt hatte. Die in der Zeiteinheit ausgeströmte, unter dem inneren Drucke p gemessene Gasmenge berechnet sich alsdann aus der Formel:

(d) $\qquad M = \mu \cdot f \cdot \frac{p'}{p} \sqrt{2gkl\left(\frac{p}{p'}\right)}$

in welcher wieder f den Quadratinhalt der Ausflussöffnung, μ den Ausflusscoefficienten bezeichnet

Navier stellte in der erwähnten Abhandlung noch viele theoretische Betrachtungen über die Wirkung verschieden geformter Ansätze, den Widerstand in längeren Röhren u. s. w. an und berechnete hiernach namentlich die ausgedehnten Versuche von Lagerhielm und d'Aubuisson. Die so berechneten Coefficienten zeigten unter sich eine bei weitem grössere Uebereinstimmung, als dies bei Anwendung der älteren Formel der Fall gewesen war.

An Navier schlossen sich ausser Poisson, Poncelet u. s. w. hauptsächlich Weisbach an, welcher die Naviersche Formel noch auf einem anderen Wege ableitete und mit Zugrundelegung derselben die schon früher von Buff (Pogg. Ann. Bd. XXXVII.) behandelten Versuche von Koch, auf welche wir weiter unten noch zu sprechen kommen werden, umrechnete. Weisbach führte so die Veränderlichkeit der nach der älteren Formel berechneten Coefficienten, für welche Veränderlichkeit Buff ein empirisches Gesetz aufgestellt hatte, auf ein sehr geringes Mass zurück, dergestalt, dass dieselben bei abnehmendem Drucke etwas grösser ausfielen, aber unter sich keine grössere Verschiedenheit darboten, als die Ausflusscoefficienten des Wassers. Dagegen zeigten die so gefundenen Coefficienten immer noch bedeutende Abweichungen von den aus den Versuchen von d'Aubuisson berechneten, welche Differenz unerklärlich blieb, da beide Experimentatoren in Hinsicht auf die Genauigkeit ihrer Versuche grosses Zutrauen verdienten.

Weisbach geht bei der von ihm gegebenen Ableitung der Formel (c) (S. Pogg. Ann. Bd. LI. pag. 450 ff.) von der mechanischen Arbeit aus, welche nötig ist, ein unter dem Drucke p stehendes Volumen Luft m in die Pressung p' zu versetzen. Diese ist (für ungeänderte Temperatur) $m \cdot p \cdot l\left(\frac{p}{p'}\right)$. Strömt nun Luft aus einem Behälter von der Pressung p, welcher die Dichtigkeit γ entspricht, in einen äusseren Raum von der Pressung p', so ist die der ausströmenden Luftmenge inwohnende mechanische Wirkung: $\frac{v^2}{2g} m \cdot \gamma$. Um aber die Luft in diesen Zustand der Bewegung zu versetzen, ist nötig die mechanische Wirkung: $m \cdot p \cdot l\left(\frac{p}{p'}\right)$; folglich ist nach dem Principe von der Erhaltung der lebendigen Kräfte:

$$\frac{v^2}{2g} \cdot m \cdot \gamma = m \cdot p \cdot l\left(\frac{p}{p'}\right)$$

woraus folgt:
$$v = \sqrt{2g\frac{p}{\gamma} \cdot l\left(\frac{p}{p'}\right)}$$

welche Formel genau die Naviersche ist.

Gegen die Richtigkeit der Navierschen Formel wurden aber bald Einwendungen gemacht, besonders von Coriolis, St. Venant und Wantzel (Compt. rendus T. VIII p. 294), Holtzmann (Pogg. Ann. B. LXI. p. 466) und Segnitz (Pogg. Ann. B. CXI p. 474), indem hauptsächlich zwei merkwürdige aus der Navierschen Formel sich ergebende Folgerungen hervorgehoben wurden. Die eine war die, dass der Ausdruck für M [Formel (d)] für $\frac{p'}{p} = e^{\frac{1}{4}} = 1{,}6486$, d. h. wenn der äusere Druck $= 0{,}60653$ des inneren ausfiele, sein Maximum erreichte, dass also, wenn der äussere Druck noch weniger als $^3/_5$ des inneren betrüge, die Ausflussmenge, anstatt grösser zu werden, abnehmen würde; die zweite, welche besonders von Holtzmann und Segnitz betont wurde, dass für $p' = 0$ der Wert von $v = \infty$, der von M dagegen $= 0$ ausfiele, so dass also hiernach aus einem mit Luft von beliebiger Pressung erfüllten Raume in einen hiermit in Verbindung gesetzten leeren Raum gar keine Luft überströmen würde. Was die erste Folgerung betrifft, so hat dieselbe bei näherer Betrachtung gerade nichts so sehr Auffallendes; denn es ist recht gut denkbar, dass, wenn ceteris paribus der äussere Druck immer kleiner angenommen wird, zwar die Geschwindigkeit der ausströmenden Luft immer grösser werden muss, dagegen die unter dem inneren Drucke gemessene Auflussmenge dennoch von einem bestimmten Puncte an geringer werden kann, weil die Dichtigkeit der ausströmenden Luft eine immer kleinere wird. Was die zweite Folgerung anlangt, welche allerdings zu einem sehr paradoxen und der Natur der Erscheinungen direkt widersprechenden Resultate führt, so ist nicht zu vergessen, dass die Naviersche Formel keineswegs der allgemeine Ausdruck für die Geschwindigkeit eines überströmenden Gases ist, dass bei ihr specielle Voraussetzungen gemacht sind, dass sowohl die von Navier, als von Weisbach gegebene Ableitung einmal einen gleichförmigen Bewegungszustand (état d'uniformité) voraussetzt, dann aber ausdrücklich das Vorhandensein eines äusseren und zwar constanten Druckes verlangt, indem die ganze Entwickelung von vorncherein ihre Gültigkeit verliert, wenn dieser äussere Druck gleich Null angenommen wird. Jenes absurde Resultat bewies also jedenfalls, dass für den Fall des Einströmens von Luft in einen leeren Raum die Naviersche Annahme, dass der in der Ausflussöffnung stattfindende Druck dem äusseren gleich sei, nicht anwendbar sei; und St. Venant und Wantzel suchten durch ihre zahlreichen, unter sehr verschiedenen Pressungen angestellten Versuche den Nachweis zu liefern, dass dieselbe überhaupt nicht statthaft sei. Sie leiteten aus ihren Versuchen eine empirische Formel ab, welche mehrere von der Beschaffenheit der Ausflussöffnung abhängige Constanten enthält, und die für sehr kleine Pressungsunterschiede mit der Bernouillischen zusammenfällt. Holtzmann und Segnitz suchten dann durch die Hypothese, dass der in der Ausflussöffnung stattfindende Druck gleich dem arithmetischen Mittel aus dem inneren und äusseren Drucke sei, jene empirische Formel mit der Theorie in Uebereinstimmung zu bringen. Sie setzten sonach:

(e) $$v = \sqrt{2gkl\left(\frac{2p}{p+p'}\right)}$$

und

(f) $$M = \mu \cdot f \cdot \left(\frac{p+p'}{2p}\right)\sqrt{2gkl\left(\frac{2p}{p+p'}\right)}$$

Ein wesentliches Interesse gewinnt diese Annahme noch dadurch, dass sich hieraus für den Fall, dass der äussere Raum luftleer ist, als Geschwindigkeit der einströmenden Luft ein Wert ergibt, der fast genau mit der Geschwindigkeit des Schalles übereinstimmt. Denn setzen wir in Formel (e) $p' = 0$, so wird $v = \sqrt{2gkl(2)}$ und dieser Wert ist bis auf 2 Meter mit der Schallgeschwindigkeit übereinstimmend. Holtzmann und Segnitz berechneten nach der Formel (f) die Versuche von St. Venant und Wantzel, und erhielten für Oeffnungen in dünner Wand Coefficienten, die wenig von einander differirten und alle sehr nahe gleich der Einheit waren, woraus Segnitz sogar den Schluss zieht, durch Zugrundelegung jener Hypothese würde die Annahme eines Ausflusscoefficienten überflüssig. Das Maximum der Ausflussmenge tritt nach Formel (f) ein, wenn $\frac{p'}{p} = 2e^{-1} - 1 = 0{,}21314$, wenn also der äussere Druck ungefähr $1/5$ des inneren ist.

Gegen die von Holtzmann und Segnitz aufgestellte Annahme und die daraus gezogenen Folgerungen lassen sich aber meiner Ansicht nach wieder einige begründete Einwendungen machen. Was zuerst die Uebereinstimmung des Wertes für die Einströmungsgeschwindigkeit der Luft in den leeren Raum mit dem für die Schallgeschwindigkeit in derselben betrifft, so ist dieselbe allerdings sehr auffallend; aber bei näherer Betrachtung ist durchaus kein Grund dafür einzusehen, warum in diesem Falle die Geschwindigkeit der Luft mit der Fortpflanzungsgeschwindigkeit des Schalles, welcher doch in einer periodischen Bewegung der Luft seinen Grund hat, übereinstimmen soll. Dazu ist die bekannte, von Laplace aufgestellte und durch die Erfahrung bestätigte Formel für die Fortpflanzungsgeschwindigkeit des Schalles in Gasen $v = \sqrt{g.k.\varkappa}$, in welcher $\varkappa$ das Verhältnis der specifischen Wärme des Gases bei constantem Drucke zu der bei constantem Volumen bezeichnet, mit jener $v = \sqrt{2gk.l(2)}$ durchaus in keine Uebereinstimmung zu bringen, da in letzterer $\varkappa$ gar nicht vorkommt, und daher diese Uebereinstimmung als eine rein zufällige zu bezeichnen. Was aber den aus der Holtzmannschen Formel folgenden, der Einheit sehr nahen Wert des Ausflusscoefficienten anlangt, so lässt sich Folgendes einwenden: Der Ausflusscoefficient wird neben anderen Umständen, als durch Mittheilung der Bewegung an die Gefässwände u. s. w. hauptsächlich durch zwei Ursachen bedingt: durch die Contraction des ausströmenden Strahles einerseits und durch den, durch Reibung in der Ausflussöffnung bewirkten Geschwindigkeitsverlust andererseits; weshalb man auch in der Regel den Wert des Ausflusscoefficienten gleich dem Producte aus dem Contractions- und dem Geschwindigkeitscoefficienten setzt. Nun ist eine Zusammenziehung des Luftstrahls beim Ausflusse aus Oeffnungen in dünner Wand zwar direct, d. h. sichtbar nur bei geringen Druckhöhen durch die Versuche von Sondhaus (Pogg. Ann. B. LXXXV), die derselbe mit der Luft beigemengtem Tabaksrauche anstellte und durch welche er eine fast vollständige Analogie des Luftstrahles mit dem Wasserstrahle constatirte, dagegen bei stärkeren Druckhöhen indirekt durch die Wirkung der cylindrischen und conischen Ansätze nachgewiesen worden, welche letztere, indem sie die Contraction ganz oder theilweise aufheben, fast in demselben Verhältnisse, wie beim Wasser die Ausflussmenge vermehren; ebenso hat man den Geschwindigkeitscoefficienten direkt durch Anwendung eines genau nach der Form des contrahirten Strahles abgerundeten Mundstückes bestimmt. Man sieht nun nicht ein, wie Holtzmann und Segnitz die Wirkung cylindrischer und conischer Ansätze erklären wollen, und wenn Segnitz den Ausflusscoefficienten ganz verbannen will, so muss er annehmen, dass Contraction und Geschwindigkeitsverlust, auf welche beide doch bei Ableitung der von ihm gebrauchten Formel keine Rücksicht genommen ist, überhaupt nicht vorhanden seien. Zudem erhält man durch Anwendung dieser Formeln auf den Ausfluss aus cylindrischen und conischen Ansätzen Coefficienten, welche durchgängig grösser, als die Einheit ausfallen.

Hieraus folgt, dass auch die Holtzmann'sche Annahme zu einer vollständigen Erklärung der Ausflusserscheinungen nicht ausreichend zu sein scheint. Es ist gerade dieser Punkt, die genaue Bestimmung des in der Ausflussöffnung stattfindenden Druckes, als derjenige zu bezeichnen, welcher die ganze Theorie noch zu einer unvollständigen und unvollkommenen macht; wozu noch kommt, dass eine experimentale Bestimmung jenes Druckes mit grossen Schwierigkeiten verbunden ist. Am richtigsten und der Natur der Erscheinungen am entsprechendsten scheint mir Bauschinger den ganzen Vorgang darzustellen, wenn er sagt (s. Schlömilch. Zeitschrift f. Math. u. Phys. B. VIII, p. 86): »Das Ueberströmen des Gases aus dem inneren in den äusseren Raum geschieht natürlich nicht in der Weise, dass das Gas bis zum Eintritt in die Oeffnung den im Innern herrschenden Druck behält und unmittelbar nach dem Verlassen dieser Oeffnung plötzlich den aussen stattfindenden Druck annimmt. Der wahre Vorgang ist sicherlich der, dass das Gas in dem Ausströmungsgefässe, indem es von allen Seiten her gegen die Oeffnung strömt, schon eine Strecke vor dieser anfängt, sich auszudehnen, und dass seine Spannung allmählich abnimmt, bis es eine gewisse Strecke hinter der Oeffnung den Druck des Gases in dem äusseren Raume, wie er eben dort herrscht, annimmt. Wir werden uns also vorstellen können dass die ganze Gasmasse in dem inneren Raume bis zu einer vor der Ausflussöffnung liegenden Fläche durchweg unter dem Drucke p stehe, dass sie ruhig sei und nur allmählich sich ausdehne, während eben in jener Fläche die Gasmoleküle anfangen, sich zu bewegen, ihre Geschwindigkeit allmählich vergrösseren und endlich beim Durchgange durch eine auf der anderen Seite der Ausflussöffnung gelegenen Fläche, in welcher sie den dem äusseren Raume entsprechenden Druck angenommen haben, das Maximum ihrer Geschwindigkeit, die eigentliche Ausflussgeschwindigkeit erlangen. Ueber die Form und Grösse jener beiden Flächen befinden wir uns noch in Unkenntnis, und müssen hierüber noch genaue Versuche entscheiden; doch werden wir annehmen können, dass sie nicht weit von der Oeffnung entfernt liegen, so dass die zwischen ihnen und der Oeffnung befindlichen Räume gegen den Inhalt der ganzen Gefässe vernachlässigt werden dürfen. Man sieht, dass diese Auffassung im Wesentlichen mit der Navier'schen übereinstimmt, und wir werden daher auch dieselbe für die folgenden Betrachtungen zu Grunde legen.

In neuerer Zeit hat man noch, Dank den grossen Fortschritten der Wärmetheorie, die bis dahin unberücksichtigt gebliebene Temperaturänderung, welche immer bei einer Aenderung der Dichtigkeit der Gase, also auch beim Ausströmen auftritt, in Rechnung gezogen, wodurch die Formel (c) und (d) eine etwas andere Gestalt erhalten. Es ist nach Grundsätzen der Wärmetheorie die mechanische Arbeit A, welche erforderlich ist, um das Luftvolumen m plötzlich aus der Pressung p in die p' zu versetzen, wobei zugleich dessen Temperatur t^0 in eine andere $t^{0'}$ übergeht, welche aus der Gleichung folgt:

$$\frac{1+\alpha \cdot t^{0'}}{1+\alpha \cdot t^0} = \left(\frac{p'}{p}\right)^{\frac{\varkappa-1}{\varkappa}}$$

und wenn p' als die schwächere Pressung angenommen wird, durch folgenden Ausdruck bestimmt:

$$A = \frac{\varkappa}{\varkappa-1}\left[1-\left(\frac{p'}{p}\right)^{\frac{\varkappa-1}{\varkappa}}\right] m \cdot p$$

in welchem $\varkappa$ das schon oben erwähnte Wärmeverhältnis bezeichnet, dessen Wert z. B. für atmosphärische Luft $= 1{,}41$ ist. Setzen wir nun wieder diesen Wert von A dem der mechanischen Wirkung der ausströmenden Menge, welcher durch $\frac{v^2}{2g} \cdot m \cdot \gamma$ ausgedrückt ist, gleich, so erhalten wir:

$$\frac{v^2}{2g} \cdot m \, \gamma = \frac{\varkappa}{\varkappa-1}\left[1-\left(\frac{p'}{p}\right)^{\frac{\varkappa-1}{\varkappa}}\right] m \cdot p,$$

woraus folgt:

(g) $$v = \sqrt{2g \frac{p}{\gamma} \frac{\varkappa}{\varkappa-1}\left[1-\left(\frac{p'}{p}\right)^{\frac{\varkappa-1}{\varkappa}}\right]}$$

Die in der Zeiteinheit ausgeströmte Luftmenge ist $\mu \cdot f \cdot v$ und besitzt die Dichtigkeit

$$\gamma' = \left(\frac{p'}{p}\right)^{\frac{1}{\varkappa}} \cdot \gamma$$

für die unter dem inneren Drucke und bei der inneren Dichtigkeit γ gemessenen Ausflussmenge erhalten wir also:

$$M = \frac{\gamma'}{\gamma} \mu \cdot f \, v \doteq \left(\frac{p'}{p}\right)^{\frac{1}{\varkappa}} \mu \cdot f \cdot v =$$

(h) $$= \left(\frac{p'}{p}\right)^{\frac{1}{\varkappa}} \cdot \mu f \cdot \sqrt{2g \frac{p}{\gamma} \frac{\varkappa}{\varkappa-1}\left[1-\left(\frac{p'}{p}\right)^{\frac{\varkappa-1}{\varkappa}}\right]}$$

und reduciren wir M noch auf den äusseren Druck p', so wird

$$M' = \frac{p}{p'} \cdot M = \left(\frac{p}{p'}\right)^{\frac{\varkappa-1}{\varkappa}} \mu \cdot f \cdot v.$$

(h') $$= \left(\frac{p}{p'}\right)^{\frac{\varkappa-1}{\varkappa}} \cdot \mu \cdot f \cdot \sqrt{2g \cdot \frac{p}{\gamma} \cdot \frac{\varkappa}{\varkappa-1}\left[1-\left(\frac{p'}{p}\right)^{\frac{\varkappa-1}{\varkappa}}\right]}$$

Die Formel (g), welche für $\varkappa = 1$ mit der Navier'schen und für $\varkappa = \infty$ mit der Bernouillischen Formel identisch wird, wurde auf dem angedeuteten Wege von Weisbach, auf noch andere Art von Bauschinger abgeleitet, und ist für die neueren Fortschritte der mechanischen Wärmetheorie von grosser Wichtigkeit geworden (S. Zeuner »Grundzüge der mechanischen Wärmetheorie«). Insbesondere verdient erwähnt zu werden, dass Bauschinger in dem schon citirten Aufsatze mit Zugrundelegung dieser Formel den besonderen Fall des Einströmens der Luft in einen luftleeren Raum, welcher Fall auch in Beziehung auf die stattfindenden Temperaturänderungen von hohem Interesse ist, in erschöpfender Weise behandelt hat.

Die Aenderung, welche die aus den Navierschen Formeln folgenden Werte für Geschwindigkeit und Ausflussmenge durch die Berücksichtigung der Temperaturänderungen erfahren, ist bei nicht sehr grossen Druckdifferenzen nur eine geringe. Wir wollen, um dies nachzuweisen, zum Schlusse dieses Abschnittes noch eine kurze Vergleichung zwischen den zuletzt aufgeführten und den Navierschen Formeln anstellen, hierbei aber die Voraussetzung machen, welche in sehr vielen Fällen der Praxis und auch in dem nachher näher zu betrachtenden Falle erfüllt ist, dass der eine der beiden Räume, z. B. der äussere, die äussere Atmosphäre sei. Wir können alsdann, wenn wir den äusseren Barometerstand durch b und den inneren Manometerstand durch h bezeichnen, den Bruch $\frac{p}{p}$ durch $\frac{b+h}{b}$ ersetzen, und erhalten unter der Annahme, dass die Druckdifferenzen nicht sehr gross sind, also $\frac{h}{b}$ ein kleiner echter Bruch ist, in den Navierschen Formeln:

$$v = \sqrt{2gk\, l \left(\frac{b+h}{b}\right)} = \sqrt{2gkl\left(1+\frac{h}{b}\right)}$$
$$= \sqrt{2gk\left(1-\frac{h}{2b}\right)\frac{h}{b}}$$

also

(i')
$$M' = \mu \cdot f \cdot \left(1 - 0{,}25\,\frac{h}{b}\right)\sqrt{\frac{h}{b}}\,\sqrt{2gk}$$

und

(i)
$$M = \left(1 - \frac{h}{b}\right)M' = \mu \cdot f \cdot \left(1 - 1{,}25\,\frac{h}{b}\right)\sqrt{\frac{h}{b}}\sqrt{2gk}$$

Die Formeln (g), (h') und (h) werden dagegen:

$$v = \sqrt{2gk \cdot \frac{\varkappa}{\varkappa-1}\left[1 - \left(1+\frac{h}{b}\right)^{\frac{1-\varkappa}{\varkappa}}\right]} = \sqrt{2gk\left(1 - \frac{2\varkappa-1}{2\varkappa}\,\frac{h}{b}\right)\frac{h}{b}}$$

$$= \left(1 - 0{,}323\,\frac{h}{b}\right)\sqrt{\frac{h}{b}}\sqrt{2gk}$$

(k')
$$M' = \mu \cdot f \cdot \left(1+\frac{h}{b}\right)^{\frac{\varkappa-1}{\varkappa}} \cdot v$$

$$= \mu \cdot f \cdot \left(1 - 0{,}0319\,\frac{h}{b}\right)\sqrt{\frac{h}{b}}\,\sqrt{2gk}$$

und

(k)
$$M = \mu \cdot f \cdot \left(1+\frac{h}{b}\right)^{\frac{1}{\varkappa}} \cdot v -$$

$$= \mu \cdot f \cdot \left(1 - 1{,}0319\,\frac{h}{b}\right)\sqrt{\frac{h}{b}}\,\sqrt{2gk}$$

Hieraus folgt also, dass für geringe Druckhöhen h der Einfluss der Temperaturänderung um so mehr wird vernachlässigt werden können, als die bei Ableitung der Formel (g) gemachte Voraussetzung, dass während des Ausströmens weder eine Mittheilung nach Entziehung von Wärme stattfindet, wohl selten oder nie in Wirklichkeit vollständig erfüllt ist. —

II.

Der specielle Fall, den wir im Folgenden näher betrachten wollen, ist früher bereits von Schmidt in einer ausführlichen Arbeit (Gilb. Ann. L. XVI p. 39 ff.) theoretisch mit Zugrundelegung der Bernouillischen Formel behandelt und zugleich das Resultat dieser Untersuchung durch Versuche mit einem kleinen Apparate geprüft worden; ebenso gehören die von Koch in einem grossen Masstabe angestellten Versuche hierher, welche zuerst von Buff (Pogg. Ann. B. XXXVII) und später von Weisbach (Pogg. Ann. B, L. I) berechnet wurden. Das Princip des hierher gehörigen Apparates ist folgendes: Zwei vertikal aufgestellte cylindrische Gefässe seien an ihren unteren Enden durch eine hinlänglich weite Röhre mit einander verbunden; das eine, welches den Querschnitt A^2 habe und welches wir den Wasserbehälter nennen wollen, sei oben offen, das andere welches den Querschnitt B^2 habe und welches das Luftgefäss heissen soll, sei an dem oberen Ende geschlossen und besitze hier nur eine Oeffnung, die nach Belieben geschlossen und geöffnet werden kann. Es sei nun bei geöffnetem Luftgefässe eine gewisse Menge Wasser in den Apparat eingegossen, sodass in beiden Gefässen der Wasserspiegel bis zu einer bestimmten, gleichen Höhe stehe; hierauf schliesse man die Oeffnung des Luftgefässes, wodurch in demselben ein gewisses Volumen Luft von der Dichtigkeit der äusseren Atmosphäre abgesperrt wird. Wird nun in dem Wasserbehälter Wasser nachgegossen, so wird die Luft in dem Luftgefässe durch einen von der Höhe der Wassersäule abhängenden Druck comprimirt werden, dergestalt, dass, nachdem man gewartet hat, bis sich die durch die Compression bewirkte Temperaturerhöhung wieder verloren hat, das ursprüngliche Volumen M sich nach dem Mariotteschen Gesetze in ein anderes M' geändert hat, welches sich aus der Gleichung bestimmt:

$$(1) \qquad M' = M \cdot \frac{b}{b+H}$$

wenn b den als Wassersäule berechneten Barometerstand und H die Höhe der drückenden Wassersäule bezeichnet, welche durch den senkrechten Abstand der Wasserniveaus in beiden Gefässen angegeben wird. Wird nun die Oeffnung des Luftfässes geöffnet, so wird hier die Luft in die äussere Atmosphäre ausströmen, während zugleich der Wasserspiegel im Luftgefässe steigen, der im Wasserbehälter sinken wird, so dass hierdurch Druckhöhe, wie Masse und Volumen der Luft in dem Luftbehälter eine fortwährende Aenderung erfahren werden. Dieser unter einem beständig veränderlichen Drucke erfolgende Ausfluss wird beendigt sein, wenn der Wasserspiegel in beiden Gefässen wieder gleich hoch steht, welche Höhe aus der anfänglichen Druckhöhe und den Werten für die Querschnitte der beiden Behälter leicht bestimmt werden kann. Es handelt sich nun darum, eine Gleichung zwischen der veränderlichen Druckhöhe und der Zeit aufzustellen.

Die in I gemachte Voraussetzung, dass sowohl innerer, wie äusserer Druck fortwährend constant erhalten werden, ist jetzt nur während eines Momentes erfüllt, indem zwar der äussere Druck, der der Atmosphäre, derselbe bleibt, dagegen der innere sich fortwährend ändert. Bezeichnen wir nun die veränderliche Druckhöhe mit h und betrachten einen bestimmten Moment des Ausflusses, so können wir während dieses Momentes, d. h. während des Zeitdifferentials die Druckhöhe als constant ansehen, und erhalten für die in diesem Zeitdifferentiale ausgeströmte, unter dem in der Ausflussöffnung stattfindenden Drucke gemessene, unendlich kleine Ausflussmenge dm

$$(2) \qquad dm = \mu \cdot f \cdot v \cdot dt$$

worin f wieder den Quadratinhalt der Ausflussöffnung, v die der Druckhöhe h entsprechende Ausflussgeschwindigkeit und μ den Ausflusscoefficienten bezeichnen, welchen wir, um eine sonst nicht wohl zu vermeidende Unbestimmtheit zu beseitigen, als eine innerhalb der Integrationsgrenzen constant bleibende Grösse annehmen müssen. Lassen wir nun die Naviersche Voraussetzung gelten und nehmen für den in der Ausflussöffnung oder vielmehr in dem ihr unendlich nahe liegenden contrahirten Querschnitte herrschenden Druck den äusseren, dem Barometerstande b entsprechenden an, so erhalten wir:

$$(3\alpha) \qquad dm = \mu \cdot f \cdot \sqrt{2gk \cdot l \frac{b+h}{b}} \cdot dt$$

oder mit Berücksichtigung der Temperaturänderung:

$$(3\beta)\, dm = \mu \cdot f \cdot \left(1+\frac{h}{b}\right)^{\frac{x-1}{x}} \sqrt{2g \cdot k \cdot \frac{x}{x-1}\left[1 - \left(1-\frac{h}{b}\right)^{\frac{1-x}{x}}\right]} \cdot dt$$

Andererseits erhalten wir eine Gleichung zwischen m und h durch folgende Betrachtung. Während der Zeit t, während welcher die Druckhöhe von H bis h abgenommen hat und ein, unter dem äusseren Drucke b gemessenes Luftvolumen m ausgeströmt ist, hat sich der Wasserspiegel im Wasserbehälter um eine Höhe h_1 gesenkt, der im Luftgefässe um eine Höhe h_2 gehoben. Berücksichtigen wir nun, dass $h_1 \cdot A^2 = h_2 \cdot B^2$ und zugleich $H - h = h_1 + h_2$ ist; so erhalten wir

$$h_2 = \frac{A^2}{A^2 + B^2}(H-h) = \frac{H-h}{\beta}$$

wenn

$$(4)\ \beta = \frac{A^2 + B^2}{A^2}.$$

Es ist folglich auch

$$h_2 \cdot B^2 = \frac{H-h}{\beta} \cdot B^2.$$

Ziehen wir dieses Volumen von dem ursprünglichen, dem Drucke $b + H$ entsprechenden $M \cdot \dfrac{b}{b+H}$ ab, so erhalten wir das nach der Zeit t vorhandene und dem Drucke $b + h$ entsprechende Volumen, welches offenbar durch $(M-m).\dfrac{b}{b+h}$ ausgedrückt wird. Daher besteht die Gleichung:

(5) $\quad (M-m).\dfrac{b}{b+h} = M.\dfrac{b}{b+H} - \dfrac{H-h}{\beta}.B^2$

aus welcher folgt:

(6) $\quad m = M\left(1-\dfrac{b+h}{b+H}\right) + \dfrac{H-h}{\beta}.\dfrac{b+h}{b}.B^2$

Die Differentiation dieser Gleichung ergibt:

$$dm = -\dfrac{M.dh}{b+H} \cdot \dfrac{H-b-2h}{\beta.b}.B^2 dh$$

$$= -\left(\dfrac{M.b}{b+H} - \dfrac{H-b-2h}{\beta}.B^2\right)\dfrac{dh}{b}$$

Hierin können wir $M.\dfrac{b}{b+H} = M' = \lambda'.B^2$ setzen, wenn wir mit λ' die Höhe des Volumens M', vom Wasserspiegel bis zum oberen Ende des als vollkommen cylindrisch vorausgesetzten Luftbehälters gemessen, bezeichnen, wodurch wird:

(7) $\quad dm = -\dfrac{B^2}{\beta.b}(\beta\lambda' + b - H + 2h)\,dh$

oder wenn wir zur Abkürzung $\beta\lambda' + b - H = R$ setzen,

(8) $\quad dm = -\dfrac{B^2}{\beta.b}(R+2h)\,dh$

Setzen wir diesen Wert von dm dem oben in (3α) erhaltenen gleich, so erhalten wir:

$$\mu.f.\sqrt{2gk\,l\dfrac{b+h}{b}}.dt = -\dfrac{B^2}{\beta.b}(R+2h)\,dh$$

woraus sich ergibt, wenn noch der Kürze halber $\dfrac{B^2}{\beta.\mu.f\sqrt{2gk}} = N$ gesetzt wird:

$$dt = -N.b\left(\dfrac{R}{b}+2\dfrac{h}{b}\right)\left[l\left(1+\dfrac{h}{b}\right)\right]^{-\frac{1}{2}}.d\left(\dfrac{h}{b}\right)$$

Die Integration der auf der rechten Seite stehenden transcendenten Function ist aber nur durch Reihenentwicklung ausführbar, und wir erhalten unter der Annahme, dass $\dfrac{h}{b}$ ein kleiner echter Bruch ist (s. Formel (i') des ersten Abschnitts):

$$dt = -N.b\left(\frac{R}{b}+2\frac{h}{b}\right)\left(1-\frac{h}{2b}\right)^{-\frac{1}{2}}\cdot\left(\frac{h}{b}\right)^{-\frac{1}{2}}\cdot d\left(\frac{h}{b}\right)$$

$$= -N.b\left(\frac{R}{b}+2\frac{h}{b}\right)\left(1+\frac{h}{4b}\right)\left(\frac{h}{b}\right)^{-\frac{1}{2}}\cdot d\left(\frac{h}{b}\right)$$

$$t = -N.b\int\left[\frac{R}{b}\cdot\left(\frac{h}{b}\right)^{-\frac{1}{2}}+\left(2+\frac{R}{4b}\right)\left(\frac{h}{b}\right)^{\frac{1}{2}}\right]d\left(\frac{h}{b}\right) + \text{const.}$$

Die Integration erstreckt sich von $\frac{H}{b}$ bis $\frac{h}{b}$; daher wird

$$t = N.b\left[\int_{\frac{h}{b}}^{\frac{H}{b}}\frac{R}{b}\left(\frac{h}{b}\right)^{-\frac{1}{2}}d\left(\frac{h}{b}\right) + \int_{\frac{h}{b}}^{\frac{H}{b}}\left(2+\frac{R}{4b}\right)\left(\frac{h}{b}\right)^{\frac{1}{2}}d\left(\frac{h}{b}\right)\right]$$

d. h.

$$t = N.b\left[2\cdot\frac{R}{b}\frac{H^{\frac{1}{2}}-h^{\frac{1}{2}}}{b^{\frac{1}{2}}} + \frac{2}{3}\left(2+\frac{R}{4b}\right)\frac{H^{\frac{3}{2}}-h^{\frac{3}{2}}}{b^{\frac{3}{2}}}\right]$$

und schliesslich, wenn wir für N und R wieder ihre Werte einsetzen:

(9α) $$t = \frac{B^2}{\mu.\beta.f\sqrt{2gk.b}}\Big\{2(\beta\lambda'+b-H)(H^{\frac{1}{2}}-h^{\frac{1}{2}})$$
$$+\tfrac{2}{3}\left(2+\frac{\beta\lambda'+b-H}{4b}\right)(H^{\frac{3}{2}}-h^{\frac{3}{2}})\Big\}$$

Hätten wir den mit Rücksicht auf Temperaturänderung abgeleiteten Wert von dm [Formel (3β)] gleich dem in (8) gefundenen gesetzt, so würden wir erhalten haben:

$$-\frac{B^2}{\beta.b}(R+2h)\,dh = \mu.f.\sqrt{2gk}\left(1-0{,}0319\,\frac{h}{b}\right)\sqrt{\frac{h}{b}}\cdot dt$$

und die Integration dieser Differentialgleichung würde ergeben haben:

(9β) $$t = \frac{B^2}{\mu.\beta.f.\sqrt{2gk.b}}\Big\{2(\beta\lambda'+b-H)(H^{\frac{1}{2}}-h^{\frac{1}{2}})$$
$$+\tfrac{2}{3}\left(2+0{,}0319\frac{(\beta\lambda'+b-H)}{b}\right)(H^{\frac{3}{2}}-h^{\frac{3}{2}})\Big\}$$

Diese Formel unterscheidet sich von der (9α) nur in dem Coefficienten des zweiten Gliedes der Parenthese, und dieser

Unterschied wird bei geringen Druckhöhen, für welche der Wert des zweiten Gliedes gegen den des ersten sehr klein wird, fast ganz unmerklich. Für stärkere Druckhöhen müsste man in der Entwicklung von Anfang an noch auf die höheren Potenzen von $\frac{h}{b}$ Rücksicht nehmen, so dass man in der Endformel noch weitere Glieder, wie $n \cdot \frac{H^{\frac{3}{2}} - h^{\frac{3}{2}}}{b^{\frac{3}{2}}}$ etc. erhalten würde. Doch würde die Entwicklung für $\frac{h}{b} > 1$, d. h. für Druckhöhen, die gleich oder grösser, als b ausfielen, ihre Gültigkeit verlieren, da die oben angewandte Reihenentwicklung nur für $\frac{h}{b} < 1$ erlaubt ist.

Buff leitet (in Pogg. Ann. B. XXXVII) zum Zwecke der Berechnung der Koch'schen Versuche eine Formel ab, die mit der eben abgeleiteten nicht übereinstimmt. Diese Verschiedenheit hat einmal ihren Grund darin, dass Buff bei Ableitung derselben die Bernouilli'sche Formel zu Grunde legt, dann aber auch darin, dass er eine andere Gleichung zwischen dm und dh aufstellt, als wir es in Formel (7) gethan haben. Buff setzt nämlich die in der Zeit dt aus dem Wasserbehälter in das Luftgefäss übergegangenen Wassermenge, welche durch $\frac{B^2}{\beta} dh$ angegeben wird, dem während dieser Zeit ausgeströmten Luftvolumen dm gleich, welchem er, der älteren Auffassung zufolge die dem inneren Drucke entsprechende Dichtigkeit zuschreibt; er setzt sonach einfach

(10) $\qquad -\frac{B^2}{\beta} dh = \mu . f . v . dt$

Nach der Navierschen Voraussetzung hätten wir aber den auf der linken Seite stehenden Wert noch mit $\frac{b+h}{b}$ zu multipliciren und erhielten alsdann:

(11) $\qquad -\frac{B^2}{\beta} \cdot \frac{b+h}{b} \cdot dh = \mu . f . v . dt$

woraus, nach Ausführung der Integration folgen würde:

$$(12\alpha)\ t = \frac{B^2}{\mu \cdot \beta \cdot f \cdot \sqrt{2gkb}} \left\{ 2b \left(H^{\frac{1}{2}} - h^{\frac{1}{2}}\right) + \frac{5}{6}\left(H^{\frac{3}{2}} - h^{\frac{3}{2}}\right) \right\}$$

wobei für v der von Navier gegebene Wert genommen ist, während bei Anwendung des mit Rücksicht auf Temperaturänderung abgeleiteten Wertes für v folgen würde:

$$(12\beta)\qquad t = \frac{B^2}{\mu \cdot \beta \cdot f \cdot \sqrt{2gkb}} \left\{ 2b \left(H^{\frac{1}{2}} - h^{\frac{1}{2}}\right) - \frac{2}{3} \cdot 1{,}0319 \left(H^{\frac{3}{2}} - h^{\frac{3}{2}}\right) \right\}$$

Eine Vergleichung dieser Formeln 12 (α) und (β) mit denen 9 (α) und (β) ergibt, dass dieselben bei kleinen Druckhöhen, für welche die betreffenden zweiten Glieder der Parenthesen schon sehr klein werden, und für den Fall, dass die Grösse $\beta\lambda' - H$ gleich Null oder doch wenigstens gegen b verschwindend klein ausfällt, beinahe dieselben Werte für t liefern werden. Allein, wenn die eben gemachten Voraussetzungen nicht erfüllt sind, werden die aus den beiderseitigen Formeln sich ergebenden Werte stärker von einander abweichen, und es entsteht die Frage, welche von den beiden Formeln als die richtigere und genauere zu bezeichnen ist.

Zur Entscheidung dieser Frage kann folgende Betrachtung dienen. Wenn wir den in Formel (6) aufgestellten Wert für m

$$m = M\left(1 - \frac{b+h}{b+H}\right) + \frac{H-h}{\beta} \cdot \frac{b+h}{b} \cdot B^2$$

mit dem aus der Gleichung:

$$dm = -\frac{B^2}{\beta} \cdot \frac{b+h}{b} \cdot dh$$

durch Integration sich ergebenden:

$$m = \frac{H-h}{\beta} \cdot B^2 + \frac{H^2 - h^2}{2b\beta} \cdot B^2$$

vergleichen, so bemerken wir, dass in letzterer Gleichung die in ersterer vorkommende Grösse M, d. h. das zu Anfang in dem Luftgefäss vorhandene, unter dem äusseren Drucke b gemessene Volumen fehlt. Aus dieser letzten Gleichung würde also folgen, dass bei einem Apparate, wie wir ihn vorausgesetzt haben, für gleiches H und h auch m immer dasselbe sein müsse, unabhängig davon, welches die ursprünglich vorhandene Menge war. Dass dies aber in Wahrheit nicht der Fall ist, ergibt sich durch eine einfache Ueberlegung, am deutlichsten, wenn wir nach der während der Dauer eines ganzen Versuches, während welcher die Druckhöhe von H bis 0 abnimmt, ausgeströmten Menge fragen. Setzen wir also $h = o$ so liefert die erste Gleichung:

(13)
$$m = M\left(1 - \frac{b}{b+H}\right) + \frac{H}{\beta} \cdot B^2$$

die zweite dagegen:

(14)
$$m = \frac{H}{\beta} \cdot B^2 + \frac{H^2}{2b\beta} \cdot B^2$$

Die Gleichung (13) ist nun sehr leicht zu deuten: Es ist $\frac{H}{\beta} \cdot B^2$ das während der Dauer des Versuchs in dem Luftbehälter emporgestiegene Wasservolumen, $M\left(1 - \frac{b}{b+H}\right)$ die durch den Druck der Wassersäule H bewirkte Volumenverminderung von M; die Summe dieser beiden Volumina ergibt nun offenbar das ganze ausgeströmte und unter dem Drucke b gemessene Volumen, wie dies die Gleichung (13) ausdrückt. Zugleich sieht man sehr gut, warum für gleiches H und h die ausgeströmte Menge m um so grösser ausfallen muss, je grösser M ist, je stärker also die durch den Druck der Wassersäule H bewirkte Volumenverminderung ausfällt. Es folgt hiernach, dass die zweite Gleichung (14) für m, in welcher M nicht vorkommt und deren einer Summand ohnehin einer Deutung nicht fähig ist, nicht die richtige zwischen m und h bestehende Relation ausdrückt.

Die beiderseitigen Differentialgleichungen
$$dm = -\frac{B^2}{\beta \cdot b}(\beta\lambda + b - H + 2h)\,dh$$

und

$$dm = -\frac{B^2}{\beta \cdot b}(b + h)\,dh$$

unterscheiden sich dadurch, dass in letzterer die Grösse $\beta\lambda' - (H-h)$ gegen h : h vernachlässigt ist. Nun ist aber $\beta\lambda' - (H-h) = \beta\left[\lambda' - \frac{H-h}{\beta}\right]$, und $\lambda' - \frac{H-h}{\beta}$ ist die veränderliche Höhe des in dem Luftgefässe befindlichen Luftvolumens, deren Wert nicht gleich Null angenommen werden darf, da alsdann kein Ausfluss mehr stattfinden würde. Wenn daher auch, wie es in den Anwendungen öfter der Fall sein wird, das β fache dieser Höhe gegen die Höhe $b + h$ sehr klein ausfällt, so werden doch die betreffenden beiderseitigen Endformeln (9) und (12) aus dem angeführten Grunde nie genau mit einander übereinstimmen können. Für den schon oben angeführten Fall, dass $\beta\lambda' - H = 0$ wird, d. h. dass die schliessliche Höhe des Luftvolumens Null wird, also bei Beendigung des Versuchs alle Luft aus dem Luftgefässe ausgetrieben ist, werden zwar die ersten Glieder der Parenthese in den beiden Formeln gleich, dagegen nicht die zweiten und folgenden Glieder, deren Vernachlässigung nur für sehr geringe Druckhöhen gestattet ist.

Nach diesen Betrachtungen werden wir also die Formeln (9α) und (9β) für die genaueren erklären müssen, und uns derselben zu der Berechnung der Versuche bedienen.

Der vorausgesetzte Apparat gestattet aber auch noch, Versuche über das Einströmen der äusseren Luft in einen Raum, der verdünnte Luft enthält, anzustellen. Es werde nämlich, nachdem beide Behälter bis zu einer bestimmten Höhe, welche von dem oberen Ende des Luftgefässes nicht allzuweit entfernt liege, mit Wasser gefüllt sind, die Oeffnung des Luftgefässes geschlossen und nun z. B. vermöge eines in der Verbindungsröhre der Behälter angebrachten Hahnes, eine gewisse Menge Wasser abgelassen. Das im Luftgefässe abgesperrte Luftvolumen, welches ursprünglich die dem äusseren Barometerstande entsprechende Dichtigkeit besass, wird hierdurch eine Verminderung des Druckes erfahren, wobei zugleich sein ursprüngliches Volumen M zu einem grösserem M' wird, welches sich aus der Gleichung bestimmt:

(15) $$M' = M \cdot \frac{b}{b-H}$$

wenn wieder b den als Wassersäule berechneten Barometerstand und H den vertikalen Abstand der Wasserspiegel in den beiden Behältern bezeichnet, und wobei noch vorausgesetzt ist, dass die verdünnte Luft wieder die äussere Temperatur angenommen hat.

Wird nun die Oeffnung des Luftgefässes für eine bestimmte Zeit geöffnet, so wird die äussere Luft in dasselbe einströmen, während zugleich der Wasserspiegel im Luftgefässe sinken, der im Wasserbehälter steigen wird. Masse und Volumen der im Luftbehälter befindlichen Luft, sowie die Druckhöhe H werden also einer beständigen Aenderung unterworfen sein. Das Einströmen wird beendigt sein, wenn die Druckhöhe H gleich Null geworden ist, d. h. wenn der Wasserspiegel in beiden Behältern wieder gleich hoch steht.

Um eine Gleichung zwischen der veränderlichen Druckhöhe und der Zeit aufstellen zu können, werden wir vorerst zu berücksichtigen haben, dass der in I angenommene innere Raum, in welchem der stärkere Druck stattfindet, jetzt durch die äussere Atmosphäre dargestellt wird, während der Luftbehälter als der äussere Raum anzusehen ist. In dem ersteren bleibt jetzt der Druck fortwährend constant, in dem Luftbehälter dagegen ist er veränderlich und kann nur während des Zeitdifferentials als constant angesehen werden. Für die im Zeitdifferentiale, währenddessen in der Atmosphäre der Druck b, in dem Luftbehälter der Druck $b - h$ stattfindet, in den letzteren eingeströmte, und unter dem hier stattfindenden Drucke $b - h$ gemessene unendlich kleine Luftmenge dm' erhalten wir wieder

(16α) $$dm' = \mu . f . v . dt$$
worin
(17α) $$v = \sqrt{2gk.l\frac{b}{b-h}}$$

oder wenn die Temperaturänderung berücksichtigt wird:

$$(16\beta) \qquad dm' = \mu.f.\left(\frac{b}{b-h}\right)^{\frac{\varkappa-1}{\varkappa}} v.dt$$

worin

$$(17\beta) \qquad v = \sqrt{2gk.\frac{\varkappa}{\varkappa-1}\left[1-\left(\frac{b-h}{b}\right)^{\frac{\varkappa-1}{\varkappa}}\right]}$$

Reduciren wir dies unendlich kleine Volumen dm' auf den Druck b, so wird:

$$(18\alpha) \qquad dm = \frac{b-h}{b}.\mu.f.\sqrt{2gk.l\left(\frac{b}{b-h}\right)}.dt$$

oder auch

$$(18\beta) \quad dm = \left(\frac{b-h}{b}\right)^{\frac{1}{\varkappa}}\mu.f.\sqrt{2gk.\frac{\varkappa}{\varkappa-1}\left[1-\left(\frac{b-h}{b}\right)^{\frac{\varkappa-1}{\varkappa}}\right]}.dt$$

Eine Gleichung zwischen m und h erhalten wir wieder durch Schlüsse, die den obigen beim Ausströmen gemachten ganz analog sind. Es wird nämlich, wenn m die in der Zeit t, während welcher der Druck im Luftbehälter von $b-H$ bis $b-h$ zugenommen hat, eingeströmte, unter dem Drucke b gemessene Luftmenge bezeichnet:

$$(19) \qquad (M+m)\frac{b}{b-h} = M.\frac{b}{b-H} + \frac{H-h}{\beta}.B^2$$

welche Gleichung einfach aussagt, dass das nach der Zeit t vorhandene Volumen gleich ist dem ursprünglichen plus der während der Zeit t durch das Sinken des Wasserspiegels bewirkten Zunahme desselben. Aus dieser Gleichung folgt:

$$(20) \qquad m = M\left(\frac{b-h}{b-H}-1\right) + \frac{H-h}{\beta}.\frac{b-h}{b}.B^2$$

deren Differentiation liefert, wenn wieder analog, wie früher $\frac{M.b}{b-H}$ oder $M' = \lambda'.B^2$ gesetzt wird

$$(21) \qquad dm = -\frac{B^2}{\beta.b}(\beta\lambda' + b + H - 2h)dh$$

Wird dieser Wert von dm dem in (18α) gleichgesetzt, $l\left(\frac{b}{b-h}\right)$ unter der Voraussetzung, dass $\frac{h}{b} < 1$ sei, in eine Reihe entwickelt und die Integration zwischen den richtigen Grenzen ausgeführt, so resultirt die Gleichung:

$$(22\alpha) \quad t = \frac{B^2}{\mu.\beta.f\sqrt{2gkb}} \left\{ 2(\beta\lambda' + b + H)(H^{\frac{1}{2}} - h^{\frac{1}{2}}) \right.$$
$$\left. - \tfrac{2}{3}\left(2 - 3\frac{(\beta\lambda' + b + H)}{4b}\right)(H^{\frac{3}{2}} - h^{\frac{3}{2}}) \right\}$$

oder wenn für v der Wert (17β) genommen wird:

$$(22\beta) \quad t = \frac{B^2}{\mu.\beta.f\sqrt{2gkb}} \left\{ 2(\beta\lambda' + b + H)(H^{\frac{1}{2}} - h^{\frac{1}{2}}) \right.$$
$$\left. - \tfrac{2}{3}\left(2 - 0{,}532\frac{(\beta\lambda' + b + H)}{b}\right)(H^{\frac{3}{2}} - h^{\frac{3}{2}}) \right\}$$

Hierin hat die Grösse $\beta\lambda' + H$ eine ganz analoge Bedeutung, wie oben $\beta\lambda' - H$; es ist nämlich $\beta\lambda' + H = \beta\left(\lambda' + \frac{H}{\beta}\right)$, und $\lambda' + \frac{H}{\beta}$ ist die Höhe des im Luftbehälter dann vorhandenen Luftvolumens, wenn das Einströmen beendigt und also der Druck in dem Luftbehälter wieder gleich b geworden ist. Ebenso sieht man aus Gleichung (20), dass bei gleichem H und h die eingeströmte, unter dem Drucke b gemessene Menge um so grösser ausfällt, je grösser die anfängliche in dem Luftbehälter vorhandene Menge war, und ebenso erkennt man aus den Endformeln, dass auch die Zeit des Einströmens alsdann um so grösser wird. Würden wir diesen Einfluss der ursprünglichen Menge bei Aufstellung einer Gleichung zwischen m und h vernachlässigt haben, so würde auch die Endformel für t die Grösse $\beta\lambda' + H$ nicht enthalten haben. Eine solche Endformel würde sich ergeben, wenn wir einfach die beiden Ausdrücke:

$$dm' = \mu.f.r.dt \quad \text{oder auch} \quad dm' = \mu.f.\left(\frac{b}{b-h}\right)^{\frac{\varkappa-1}{\varkappa}} v.dt$$

und

$$(23) \quad dm' = -\frac{B^2}{\beta}.dh$$

einander gleichsetzten, woraus folgen würde:

$$(24\alpha) \quad t = \frac{B^2}{\mu.\beta.f.\sqrt{2gk.b}} \left\{ 2b(H^{\frac{1}{2}} - h^{\frac{1}{2}}) - \tfrac{2}{3}(H^{\frac{3}{2}} - h^{\frac{3}{2}}) \right\}$$

oder auch

$$(24\beta)\ t = \frac{B^2}{\mu\cdot\beta\cdot f\cdot\sqrt{2g}\cdot k\cdot b}\ \{2b(H^{\frac{1}{2}} - h^{\frac{1}{2}}) - 0{,}312\,(H^{\frac{3}{2}} - h^{\frac{3}{2}})\}$$

Es liessen sich nun ähnlich, wie es oben geschehen ist, Vergleichungen zwischen den beiderseitigen Formeln 22 (α) und (β) und 24 (α) und (β) anstellen, und ebenso zeigen, dass für gewisse Voraussetzungen dieselben nur wenig von einander abweichen, aber dennoch nie genau mit einander übereinstimmen können; doch wollen wir, um Wiederholungen zu vermeiden, hierauf nicht näher eingehen.

Die bisherigen Betrachtungen werden uns nun berechtigen, zu der Berechnung der an dem vorausgesetzten Apparate anzustellendem Versuche über Ausströmen und Einströmen bezüglich die Formeln (9) und (22) anzuwenden. Wenn wir nun ausser den übrigen, constanten Grössen, zu welchen auch der während der Dauer eines Versuchs als constant anzusehende Barometerstand gehört, die Grössen H, h und t durch Beobachtung gefunden haben, so werden wir umgekehrt μ aus den Formeln berechnen können. Wollen wir ferner durch derartige Versuche die Frage entscheiden, ob der Ausflusscoefficient mit der Druckhöhe veränderlich und von welcher Art diese Veränderlickeit sei, so müssen wir, da wir bei der oben angestellten Rechnung die Voraussetzung gemacht haben, dass der Ausflusscoefficient wenigstens innerhalb der Integrationsgrenzen eine constante Grösse sei, die Zeiten des Ausflusses immer möglichst klein annehmen, damit während derselben die Druckhöhe keiner allzustarken Aenderung unterworfen sei. Wir werden daher die ganze Dauer des Ausflusses, d. h. die Zeit, während welcher die Druckhöhe von H bis 0 abnimmt, in möglichst viele Abschnitte theilen, und so eine Anzahl zusammengehöriger Werte von H, h, t und μ erhalten. Ein auf diese Art aus einer der betreffenden Gleichungen zwischen H, h, t und μ berechneter Wert von μ wird alsdann etwa einem mittleren Werte der beiden Druckhöhen H und h entsprechend angesehen werden können. Denn wir können direct die Frage stellen: Welche constante Druckhöhe würde nötig gewesen sein, um in derselben

Zeit t dieselbe Menge m auszutreiben, welche während der Abnahme der Druckhöhe von H bis h ausgeflossen ist? Diese Druckhöhe h' berechnet sich einfach aus der Gleichung:

(25) $$m = \mu . f . \sqrt{2gk\, l\, \frac{b+h'}{b}} \cdot t$$

und ergibt

(26) $$h' = b\, (e^{\frac{1}{2gk}\left(\frac{m}{\mu.f.t}\right)^2} - 1)$$

und dieser Wert von h' fällt, wie eine vergleichende Rechnung zeigt, nur wenig grösser aus, als der des arithmetischen Mittels zwischen der anfänglichen und schliesslichen Druckhöhe, d. h. als
$$\frac{H+h}{2}.$$

III.

Wie bereits im Vorigen erwähnt wurde, beziehen sich die von Schmidt mit einem kleinen und von Koch mit einem grossen Apparate angestellten Versuche auf den soeben theoretisch betrachteten Fall des Ausströmens der Luft; Einströmungsversuche sind dagegen von beiden Beobachtern nicht angestellt worden. Die Resultate der Schmidtschen und der von Buff berechneten Kochschen Versuche unterschieden sich von den Resultaten, die sich aus zahlreichen von anderen Beobachtern unter einem constanten Drucke angestellten Versuchen ergeben hatten, darin, dass die aus den ersteren berechneten Ausflusscoefficienten bedeutend kleiner ausfielen, als die aus den letzteren resultirenden. Buff fand überdies ein regelmässiges, von ihm durch eine empirische Formel dargestelltes Wachsen der Coefficienten bei abnehmenden Drucke. Die von Weisbach unter Annahme der Navierschen Formel angestellte nochmalige Umrechnung der Kochschen Versuche lieferte Coefficienten, deren Werte zwar untereinander sehr wenig differirten, die aber mit den aus zahlreichen anderen Versuchen gefundenen nicht übereinstimmten. In wie weit die von Weisbach zu jener Berechnung angewendete Formel von der in II abgeleiteten unterschieden ist, kann ich leider nicht entscheiden, da mir der betreffende Weisbachsche Aufsatz nicht zur Hand war; jedenfalls erhalte ich bei Anwendung der in II abgeleiteten Formel auf die Berechnung der Kochschen Versuche Coefficienten, welche grösser ausfallen, als die von Weisbach gefundenen. Weil indessen bei Koch die genaueren

Angaben über die in der Formel (9) vorkommende Grösse λ' fehlen und man hierfür aus der Beschreibung der Versuche nur einen angenäherten Wert annehmen kann, so habe ich die anfangs beabsichtigte nochmalige vollständige Durchrechnung der Kochschen Versuche lieber unterlassen. Jedenfalls wäre eine erneuerte, mit einem dem Kochschen ähnlichen, in hinlänglich grossen Dimensionen ausgeführten Apparate anzustellende Experimentaluntersuchung, bei welcher auf alle zur Berechnung von μ notwendigen Grössen die gehörige Rücksicht genommen würde, sehr wünschenswert, da eine sich herausstellende Uebereinstimmung der so erhaltenen Coefficienten mit den auf anderem Wege gefundenen für die Richtigkeit der Theorie einen wesentlichen Stützpunct abgeben würde. Freilich zeigen auch die Resultate der unter constantem Drucke angestellten Versuche noch keine befriedigende Uebereinstimmung, ein Umstand, welcher eben so sehr der Schwierigkeit derartiger Versuche, als der Unvollständigkeit der Theorie zugeschrieben werden muss; und es lässt sich bisjetzt weder der numerische Wert der Coefficienten, noch das Gesetz ihrer Veränderlichkeit mit dem Drucke als genügend festgestellt betrachten. So ergaben z. B. die Berechnungen, welche Grashof mit den Weisbachschen Versuchen anstellte und bei welchem er die Temperaturänderungen berücksichtigte, für Kreismündungen in dünner Wand und für gewisse Grenzen des Druckes, Coefficienten $\mu = 0{,}555$ bis $0{,}795$ **wachsend** mit dem Ueberdruck, während frühere Versuchsresultate im Gegentheil ein Abnehmen der Coefficienten bei wachsendem Drucke gezeigt hatten.

Es bleibt also hier der Experimentaluntersuchung noch ein weites Feld offen, und erst dann wird man eine vollständige Uebereinstimmung zwischen den Resultaten der Theorie und der Versuche erwarten können, wenn alle einzelnen, den Ausflusscoëfficienten bedingenden Ursachen nicht allein der Art, sondern auch der Grösse nach bestimmt worden sind, dergestalt, dass man sie gleich von vorneherein in die Rechnungen einführen kann.

Bei meinen eigenen Versuchen, die ich mit einem kleinen Apparate, welche dem in II vorausgesetzten entsprach, anstellte, hatte ich hauptsächlich den Zweck, die Modificationen etwas näher zu untersuchen, welche auftreten, wenn der Ausfluss der Luft durch sehr enge Oeffnungen erfolgt. Es entsteht nämlich die Frage, ob die bei grösseren Oeffnungen geltenden Gesetze des Ausflusses auch noch für sehr enge Oeffnungen dieselben bleiben, oder ob sich hier ähnlich, wie es bei den tropfbaren Flüssigkeiten der Fall ist, eine s. g. capillare Wirkung um so stärker bemerkbar macht, je kleiner der Durchmesser der Oeffnung und je grösser die Länge der Ausflussröhre ausfällt. Eine vollständige und genaue Lösung dieser Frage würde für die richtige Erklärung der von Graham und Bunsen so sorgfältig studirten Diffusionserscheinungen einen wesentlichen Beitrag liefern und könnte vor Allem zur Bestätigung des bereits von Bunsen gefundenen Resultates dienen, dass die Diffusionsgeschwindigkeit, mit welcher verschiedene Gase durch eine poröse Scheidewand, z. B. die Poren eines Gypspropfes hindurch treten mit der Ausflussgeschwindigkeit übereinstimmt, mit welcher die Gase unter einem Drucke durch enge Röhren oder ein System von Capillarröhren hindurchgehen.

Die Hauptschwierigkeit bei derartigen Versuchen ist in der Kleinheit der anzuwendenden Oeffnungen begründet, und besteht einmal darin, diese hinlänglich genau zu messen, dann aber auch darin, sie unverändert und rein zu erhalten; eine Schwierigkeit, welche bei Anwendung feinerer Oeffnungen und engerer Röhren immer stärker fühlbar wird. Bei dieser und anderen zahlreichen Schwierigkeiten der Untersuchung wird die Aufstellung eines allgemeinen Gesetzes für jene Erscheinungen erst dann erwartet werden dürfen, wenn eine hinreichend grosse Anzahl übereinstimmender, unter möglichst veränderten Umständen angestellter Beobachtungen vorliegt. Aus diesem Grunde können die von mir angestellten Versuche auch nur als ein kleiner Beitrag hierzu angesehen werden, zumal da, wie sich aus der Beschreibung des Apparates und der damit angestellten

Versuche ergeben wird, nur eine bestimmte Seite jener allgemeinen Frage in's Auge gefasst und zu lösen versucht worden ist. Der von mir benutzte Apparat, von welchem die Fig. 1 einen vertikalen Durchschnitt darstellt, bestand aus einem Gefässe *CD* von Weissblech, welches die Form eines geraden elliptischen Cylinders hatte. Die Höhe desselben betrug etwas über 3 pariser Zoll, die grosse Axe der Grundfläche ungefähr 8, die kleine etwas weniger, als 6 pariser Zoll. An der vorderen Seitenfläche war nahe dem Boden ein messingener Hahn *O* angelötet, welcher zum Ablassen des Wassers diente. In die obere Endfläche, welche etwas nach oben gewölbt war, waren in *F* und *G*, ungefähr den Brennpuncten der Ellipse entsprechend, zwei runde Oeffnungen ausgeschnitten und in dieselben Schraubengewinde eingesetzt. Auf diese letzteren wurden dann die beiden Röhren *A* und *B*, welche an ihren Enden in messingene Fassungen eingekittet waren, aufgeschraubt, und vermittelst dazwischen gelegter Lederringe sowohl ein wasser- und luftdichter Verschluss, als eine möglichst genaue parallele Stellung der beiden Röhren herbeigeführt. Die beiden Röhren, deren Durchmesser gleich war, trugen eine Eintheilung in pariser Linien; die eine derselben *A*, welche den Wasserbehälter repräsentirt, war fast von der doppelten Länge, wie die andere und an ihrem oberen Ende offen, die zweite kürzere *B*, welche das Luftgefäss repräsentirt, war an ihrem oberen Ende gleichfalls in eine messingene, mit einem Schraubengewinde versehene Fassung gekittet, auf welche die kreisförmigen Platten, in deren Mitte sich die Ausflussöffnungen befanden vermittelst der Mutter *L* und eines dazwischen gelegten Lederringes luftdicht aufgeschraubt werden konnten. Die beiden Röhren waren ausserdem mit Schiebern *H* und *J* versehen, mit Hülfe deren der untere Rand des in den Röhren stehenden Wasserniveaus genau eingestellt werden konnte und so noch eine Schätzung von Zehntellinien möglich gemacht war. Dazu wurde der Apparat auf ein mit Stellschrauben versehenes Tischchen gestellt, wodurch erreicht wurde, dass man die beiden Röhren möglichst genau vertikal stellen konnte, wobei die auf der Längsrichtung der Röhren senkrecht stehenden Theilungsstriche dem unteren Rande des Wasserspiegels parallel werden mussten.

Die Länge der Röhre B, von dem Nullpunkte der Theilung, welcher sich bei K befand, bis zur inneren Fläche der am oberen Ende festgeschraubten Platte gemessen, betrug 127,8 par. Linien, die der anderen Röhre, wie schon erwähnt, fast das Doppelte. Der Durchmesser war für beide Röhren als gleich anzusehen, indem sich die Abweichungen sowohl für beide Röhren, als auch für eine und dieselbe Röhre als äusserst gering herausstellten, in welchem Falle die Bestimmung des mittleren Durchmessers für unseren Zweck vollkommen genügend ist. Diese Bestimmung wurde durch zahlreiche Calibrirungen vermittelst einer bereits calibrirten Röhre mit Wasser, für die kürzere auch mit Quecksilber vorgenommen und ergab im Mittel und für eine Temperatur, welche nahezu in der Mitte zwischen den meisten bei den nachherigen Versuchen herrschenden Temperaturen liegt, den Wert $d = 27,8656$ in Millimetern, woraus für den Querschnitt folgt

$$B^2 = 0,00060986 \text{ in Quadratmetern.}$$

Die Art, wie die Versuche angestellt wurden, war nun einfach folgende: Nachdem das ganze Blechgefäss und die Röhren bis zu einer gewissen Höhe, also z. B. bis zum Nullpunkte der Theilung mit reinem Wasser, welches möglichst nahe die Temperatur der umgebenden Luft hatte, gefüllt waren und zugleich dafür gesorgt worden war, dass keine Luftblasen in dem Blechgefässe mehr vorhanden waren, wurde auf das obere Ende der Röhre B die betreffende Platte festgeschraubt, dann die in derselben befindliche Oeffnung mit dem Finger verschlossen und nun vermittelst eines Trichters in der längeren Röhre Wasser zugegossen. Hierauf wurde der Trichter entfernt und nun nach einiger Zeit der Stand der Wasserniveaus in den beiden Röhren abgelesen, wodurch H, die ursprüngliche Druckhöhe und λ', die Höhe des anfänglich vorhandenen Luftvolumens erhalten wurde. Alsdann wurde die Oeffnung während einer bestimmten Anzahl von Sekunden, welche durch die Schläge einer genau gehenden Penduluhr angegeben wurden, geöffnet, nach Ablauf derselben geschlossen und wiederum beide Niveaus abgelesen, wodurch h, die am Ende der Zeit t stattfindende Druckhöhe erhalten wurde. Dies wurde so lange wiederholt, bis der Wasserspiegel in beiden Röhren gleich hoch stand, und also keine Luft mehr ausströmen konnte. Ein solcher vollständiger Versuch wurde unter denselben Verhältnissen in der Regel fünfmal wiederholt, und aus diesen fünf Beobachtungsreihen, welche gewöhnlich nur unbedeutende Abweichungen unter einander darboten, das Mittel genommen. Zugleich wurde natürlich immer der Barometer- und Thermometerstand aufgezeichnet.

Für Versuche über Einströmen war die Beobachtungsweise folgende: Es wurde, wenn das Niveau in beiden Behältern gleich hoch, also z. B. bei Theilstrich 100 stand, die Ausflussöffnung verschlossen, und nun vermöge des unten am Blechgefässe angebrachten Hahnes Wasser abgelassen, hierauf der Stand der Wasserniveaus für beide Röhren abgelesen und alsdann ebenfalls während einer bestimmten Anzahl von Sekunden die Ausflussöffnung geöffnet. Während dieser Zeit strömte die Luft von Aussen in den Luftbehälter ein, der Wasserspiegel in demselben sank, während der im Wasserbehälter stieg. Im Uebrigen wurde ganz analog, wie bei den Ausströmungsversuchen verfahren. Der Versuch war auch hier beendet, wenn der Wasserspiegel in den beiden Röhren wieder gleich hoch stand.

Man ersieht aus dieser Beschreibung, wie an dem Apparate alle in II gemachten Voraussetzungen erfüllt waren; und wir werden daher berechtigt sein, zur Berechnung der mit demselben angestellten Versuche über Ausströmen und Einströmen die bezüglichen in II abgeleiteten Formeln anzuwenden. Wir werden so für jede Oeffnung eine Reihe von Ausflusscoefficienten erhalten, die verschiedenen Druckhöhen entsprechen, und durch Vergleichung der Werte derselben untereinander werden wir erkennen können, ob dieselben constante oder veränderliche Grössen sind, und in letzterem Falle, welches die Art und das Gesetz ihrer Veränderlichkeit ist.

Ueber den Grad der Genauigkeit der mit dem beschriebenen Apparate angestellten Versuche sei noch Folgendes bemerkt. Die Hauptfehlerquelle ist in der Kleinheit der angewendeten Oeffnungen zu suchen, und besteht, wie schon erwähnt wurde, in der Schwierigkeit, dieselben genau zu messen und sie fortdauernd rein und unverändert zu erhalten. Eine möglichst genaue Bestimmung der Durchmesser der Oeffnungen wurde an einem Microscope mit Hülfe eines Ocularmicrometers vorgenommen, und sind die Messungen noch bis auf die Hundertel des Millimeters als genau anzusehen. Die Dicke der Platten habe ich vermittelst eines, dem hiesigen mathematisch-physikalischen Institute zugehörigen Sphärometers bestimmt. Um die Oeffnungen möglichst rein zu erhalten, habe ich dieselben bei jedem Versuche mit einer sehr feinen Nadel gereinigt und mich durch eine Loupe von ihrer Reinheit zu überzeugen gesucht. Nichts desto weniger entziehen sich bei einer sehr engen und feinen Oeffnung selbst dem bewaffneten Auge in derselben vorhandene Unreinigkeiten, und man hat sich besonders vor allzu energischen Reinigungsversuchen zu hüten, indem durch solche leicht die Glätte, ja sogar der Durchmesser der Oeffnung verändert wird. Eine zweite Fehlerquelle ist in dem Umstande zu suchen, dass der in die Höhe steigende resp. sinkende Wasserspiegel einen verschiedenen Einfluss auf die Geschwindigkeit des Ausströmens resp. Einströmens äussern wird, je nachdem er mehr oder weniger vollständig an die Glaswände adhärirt. Um zu bewirken, dass dieses Bewegungshindernis wenigstens möglich gleichförmig auf alle Versuche influire, habe ich dafür gesorgt, dass die Röhren sich immer im Zustande vollkommener Benetzbarkeit befanden, welcher Umstand auch noch den Vortheil darbietet, dass sich der für eine genaue Ablesung notwendige concave Meniscus sofort und leicht bildet. Eine weitere Fehlerquelle liegt in der wegen der raschen Aenderung der Druckhöhe nötigen Kürze der Zeit, während welcher die Ausflussöffnung geöffnet und wieder geschlossen wird, indem das Oeffnen oder Schliessen nie absolut genau mit dem Secundenschlage erfolgen wird. Eine andere sich hier darbietende Methode der

Beobachtung, dass während des ganzen Ausflusses die Oeffnung offen bleibt und die Zeiten notirt werden, in welchen der Wasserspiegel bestimmte Theilstriche passirt, ähnlich, wie es bei Durchgängen von Sternen durch die Fäden eines Passageinstrumentes geschieht, hat hier den Nachtheil, dass man weniger und weniger gut übereinstimmende Beobachtungen erhält. Indem ich daher die erstere Methode anwendete, habe ich den Verschluss der Ausflussöffnung mit dem Finger anderen Schliessungsvorrichtungen, wie Hähnen etc. besonders aus dem Grunde vorgezogen, weil sich mit jenem ein möglichst momentan mit dem Secundenschlage erfolgendes Oeffnen und Schliessen weit eher erreichen lässt. Endlich werden natürlich alle übrigen, bei der Messung der Dimensionen des Apparates, bei des Beobachtung der Temperatur, des Barometerstandes u. s. w. gemachten Fehler auf den Wert des zu berechnenden Ausflusscoefficienten einen grösseren oder geringeren Einfluss äussern.

Aus diesen Gründen erweist sich der benutzte Apparat zu einer genauen numerischen Bestimmung der den verschiedenen Druckhöhen entsprechenden Ausflusscoefficienten nicht geeignet, und wird man nicht hoffen dürfen, durch Anwendung desselben genau übereinstimmende Werte bestimmter Coefficienten zu erhalten. Dagegen ist derselbe sehr geeignet, um die Veränderlichkeit der Coefficienten bei abnehmendem Drucke und die Art dieser Veränderlichkeit zu erkennen, abgesehen davon, dass die Verschiedenheit in dem numerischen Werte derselben Coefficienten sich höchstens auf einige Einheiten der zweiten Decimalstelle erstreckt, eine Verschiedenheit, die selbst bei den im Grossen angestellten Versuchen nicht selten ist. Wenn daher auch die zu verschiedenen Zeiten mit derselben Oeffnung unter möglichst gleichen Umständen angestellten Versuche einen etwas verschiedenen numerischen Wert derselben Coefficienten lieferten, so blieb doch der Gang und die Art der Veränderlichkeit, die dieselben bei abnehmender Druckhöhe darboten, im Wesentlichen immer die gleiche, so dass hierüber wenigstens, wie ich glaube, kein Zweifel bestehen wird.

Was die Berechnung der Versuche betrifft, so wurde für Ausströmungsversuche die Formel (9), für Einströmungsversuche die Formel (22) angewendet. Die Anwendung der Formel (α) oder (β) bedingte hierbei einen sehr geringen Unterschied, welcher bei den stärksten der in den Versuchen vorkommenden Druckhöhen erst mehrere Einheiten der dritten Decimalstelle des Wertes für den Ausflusscoefficienten betrug. Als Zeiteinheit wurde die Secunde, als Längeneinheit das Meter genommen, und demgemäss die Angaben in pariser Linien in solche in Metern umgewandelt durch Multiplication mit dem Factor 0,00225579, dessen Logarithmus 0,35330 — 3 ist. Für den Ausdruck $\sqrt{2gk}$ wurde der Wert $395\sqrt{1 + 0,003665\,t^0}$ genommen, und auserdem bei der Berechnung von b der Wert des specifischen Gewichtes des Quecksilbers für die herrschende Temperatur reducirt. Der Wert von β war hier für den speciellen Fall, dass der Durchmesser der beiden Röhren gleich war, gleich 2; es durfte aber nicht von vorneherein, sondern nur in ganz bestimmten Fällen der Wert von $2\lambda' - H$, resp. $2\lambda' + H$ gegen den von b, oder der Wert des zweiten Gliedes der Parenthese in den betreffenden Formeln gegen den des ersten vernachlässigt werden.

Die erste Frage, die ich mir bei meinen Versuchen stellte, war die: Gelten die durch Versuche im Grossen für Oeffnungen in dünner Wand festgestellten Gesetze des Ausflusses auch noch dann, wenn diese Oeffnungen sehr klein ausfallen?

Nun lässt sich eine kleine Mündung in dünner Wand nicht in der Weise herstellen, dass man dieselbe in ein möglichst dünnes Blech bohrt, indem in diesem Falle die Dicke der Wand gegen die Grösse des Durchmessers der Oeffnung nicht mehr als verschwindend klein angesehen werden darf, und eine solche Oeffnung schon als kleiner cylindrischer Ansatz zu betrachten ist. Dennoch lässt sich für unseren Zweck eine derartige Oeffnung durch folgenden einfachen Kunstgriff herrichten: Man nehme ein Ansatzstück von der Form eines abgestumpften Kegels, dessen Convergenzwinkel möglichst gross sei und bringe dasselbe so an dem Ausflussgefässe an, dass die kleinere Oeffnung nach Innen, die grössere nach Aussen gerichtet sei. Alsdann kann nämlich der durch die kleinere Oeffnung austretende Luftstrahl die rasch wachsenden Querschnitte des Ansatzstückes nicht ausfüllen und sich daher nicht an die Innenwand desselben anschliessen, und der Ausfluss erfolgt, wenn jener Winkel hinlänglich gross ist, durch jene kleinere Oeffnung gerade so, als wenn diese in eine unendlich dünne, ebene Wand gebohrt sei.

Ich wählte demgemäss eine derartige Oeffnung, welche in Fig. 2 in 6mal vergrössertem Massstabe im Durchschnitte dargestellt ist. Der Durchmesser der grösseren Oeffnung betrug 1,3, der der kleineren 0,35 Millimeter, die Dicke der Platte 0,7661 Millimeter, woraus sich leicht der Convergenzwinkel δ des Conus berechnen lässt, indem $\tan g\, \delta = \dfrac{0{,}65 - 0{,}175}{0{,}7661}$ ist, woraus sich ergibt $\delta = 63°36'4''$, welcher Wert für unseren Zweck hinreichend gross ist. Bei den Versuchen mit dieser Oeffnung erschien während des Ausströmens oder Einströmens der emporsteigende oder sinkende Wasserspiegel mitunter etwas unruhig und zitternd, was auf ein Pulsiren des die Oeffnung passirenden Luftstrahls hinzudeuten schien; und in diesem Umstande ist vielleicht der Grund zu suchen, dass die einzelnen Versuche, aus welchen schliesslich das Mittel genommen wurde, nicht ganz so gut untereinander übereinstimmten, als es bei Anwendung anderer Oeffnungen der Fall war. Dennoch scheinen die Resultate derselben zweifellos zu sein.

Die nachfolgenden Versuche sind jedesmal in einer Tabelle zusammengestellt, welche immer einen vollständigen Versuch, bei welchem die Druckhöhe von H bis 0 abnimmt, umfasst. Indessen ist immer der letzte Einzelversuch, bei welchem die Druckhöhe von dem zuletzt beobachteten Werte bis Null abnimmt, weggelassen werden, weil der Zeitpunkt, in welchem der Ausfluss beendigt ist, sich nie mit genügender Schärfe bestimmen lässt. Die erste Columne der Tabelle enthält die Werte der aufeinanderfolgenden beobachteten Druckhöhen in pariser Linien, die zweite die der dazu gehörigen

Zeiten in Sekunden, die dritte endlich die der bezüglichen, nach den bezeichneten Formeln berechneten Ausflusscoefficienten. Der Barometerstand $\mathfrak{B}$ (in Millimetern) gilt für die nebenstehende, während des Versuchs stattfindende Temperatur t^0 (in Centesimalgraden). Ausserdem findet sich am Schluss der Tabelle der Wert von $2\lambda' - H$ (in pariser Linien) angegeben, welcher während des ganzen Versuchs und für jeden Einzelversuch derselbe bleibt, indem er, wie wir ja in II gesehen haben, das Doppelte der Höhe des schliesslich, nach Beendigung des Ausflusses, im Behälter vorhandenen Luftvolumens darstellt.

Erster Versuch. Ausströmen aus der conisch divergenten Ausflussöffnung.

$\mathfrak{B} = 750^{mm}, 1 t^0 = 6^0,25$

Druckhöhen.	Zeiten.	Ausflusscoefficienten.
109,85	6	0,73477
76,35	6	0,73183
48,67	6	0,74048
26,79	6	0,74425
11,23	6	0,74822
2,27		

$2\lambda' - H = 41,77$

Aus diesen Versuchen ergibt sich, dass bei Anwendung derartiger Ausflussöffnungen, die verschiedenen Druckhöhen entsprechenden Ausflusscoefficienten in ihren Werten nur wenig von einander abweichen; dennoch lässt sich deutlich erkennen, dass dieselben bei abnehmender Druckhöhe etwas grösser ausfallen. Es stimmt dies Gesetz vollständig mit dem von Weisbach aus eigenen und den Kochschen Versuchen über Ausfluss aus grösseren Oeffnungen in dünner Wand gefundenen Gesetze, abgesehen von dem numerischen Werte der Coefficienten, überein; weshalb wir zu dem Schlusse berechtigt sind, dass für derartige Oeffnungen die fortwährende Verkleinerung der Durchmesser, wenigstens bis zu der Grenze, wie sie bei der von uns benutzten Oeffnung vorkommt, keine wesentliche Aenderung der für grössere Oeffnungen geltenden Gesetze zu bedingen scheint.

Die mit derselben Oeffnung über Einströmen der äusseren Luft in den Luftbehälter angestellten Versuche, bei welchen natürlich die Oeffnung umgekehrt wurde, ergaben im Allgemeinen ein gleiches Resultat, wie die Ausströmungsversuche, wenn auch der numerische Wert der Coefficienten etwas grösser ausfiel, wie dies der folgende Versuch zeigt.

Zweiter Versuch. Einströmen durch die conisch divergirte Oeffnung.

$\mathfrak{B} = 753^{mm},6 \; t^0 = 6^0,75$

Druckhöhen.	Zeiten.	Ausflusscoefficienten.
76,96	6	0,76942
47,24	6	0,76958
24,88	6	0,76888
9,71	6	0,79197
1,41		

$2\lambda' + H = 117,79$

Zu den folgenden Versuchen wurde als Ausflussöffnung ein kleiner cylindrischer Ansatz benutzt, der einfach dadurch erhalten wurde, dass in eine dünne Platte eine kleine kreisrunde Oeffnung gebohrt wurde. Die Fig. 3 stellt denselben ebenfalls vergrössert im Durchschnitte dar; der Durchmesser der Oeffnung betrug 0,405, die Dicke der Platte 0,1811 Millimeter, wobei natürlich unter der letzteren nicht die Dicke der ganzen Platte, sondern nur die Höhe a c des kleinen Cylinders verstanden ist. Der Ansatz erwies sich als genau cylindrisch, und es bedingten auch Versuche, die mit umgekehrter Platte angestellt wurden, durchaus keine erhebliche Aenderungen in den Resultaten, so dass also auch der alsdann vor der Ausflussöffnung liegende Raum e f g h durchaus keinen Einfluss zu äussern schien.

Dritter Versuch. Ausströmen durch den kurzen cylindrischen Ansatz.

$\mathfrak{B} = 739^{mm},2 \; t^0 = 15^0,6$

Druckhöhen.	Zeiten.	Ausflusscoefficienten.
109,68	6	0,80436
61,56	6	0,74960
28,67	6	0,76652
7,70	3	0,71698
2,44	3	0,70910
0,13		

$2\lambda' - H = 41,77$

Vierter Versuch. Ausströmen durch den kurzen cylindrischen Ansatz.

$\mathfrak{B} = 751^{mm},2 \; t^0 = 18^0,8$

Druckhöhen.	Zeiten.	Ausflusscoefficienten.
92,53	6	0,78125
50,71	6	0,78652
20,87	6	0,75580
4,37		

$2\lambda' - H = 161,27$

Fünfter Versuch. Einströmen durch den kurzen cylindrischen Ansatz.

$\mathfrak{B} = 748^{mm},7 \; t^0 = 6^0,6$

Druckhöhen.	Zeiten.	Ausflusscoefficienten.
76,96	6	0,78228
38,15	6	0,77457
13,19	6	0,74963
1,40		

$2\lambda' + H = 117,75$

Diese Versuche zeigen deutlich, dass die Anwendung des kurzen cylindrischen Ansatzes, der doch von einer Oeffnung in dünner Wand nicht sehr verschieden war, indem die Grösse des Durchmessers der Basis die der Höhe noch um das Doppelte übertraf, dennoch schon wesentlich andere Resultate liefert. Denn einmal fallen die numerischen Werte der den stärkeren Druckhöhen entsprechenden Coefficienten entschieden grösser aus, als die entsprechenden bei Anwendung der ersten Oeffnung; dann aber zeigt sich auch hier ein anderes Gesetz der Veränderlichkeit der Coefficienten, indem dieselben bei abnehmendem Drucke ebenfalls kleiner werden. Es kommen nun zwar mitunter Abweichungen gegen dies Gesetz vor, indem der nachfolgende, einer schwächeren Druckhöhe entsprechende Coefficient manchmal grösser ausfällt, als der vorhergehende, einer stärkeren Druckhöhe entsprechende; in der Regel fällt aber alsdann der nächstfolgende Coefficient wieder um so kleiner aus; und man wird daher dergleichen, immerhin seltenere Abweichungen, um so mehr den Beobachtungsfehlern zuschreiben müssen, als gerade bei Anwendung dieses cylindrischen Ansatzes der Ausfluss sehr rasch von Statten ging und so, bei der Kürze der Beobachtungszeiten die Fehlerquelle eine grössere war.

Dies Gesetz, dass für einen kurzen engen cylindrischen Ansatz die Coefficienten mit der Druckhöhe abnehmen, steht nun nicht in Uebereinstimmung mit dem von Weisbach aus den Kochschen Versuchen für weite cylindrische Ansätze aufgefundenen; denn nach diesem zeigen die Coefficienten, deren Wert überdies grösser ausfällt, als bei unseren Versuchen, bei abnehmender Druckhöhe einen ähnlichen Gang, wie die Coefficienten für Mündungen in dünner Wand. Dagegen stimmt jenes Gesetz mit den Versuchen, die Weisbach selbst mit kleineren cylindrischen Ansätzen (s. dessen Experimentalhydraulik pag. 189) anstellte, sich ergebenden Gesetze wenigstens insofern überein, als bei diesem ebenfalls die Coefficienten mit abnehmender Druckhöhe etwas kleiner werden. Es scheint sich also schon hier ein durch die Kleinheit der Oeffnung bedingter Einfluss geltend zu machen, welcher für eine so kleine Oeffnung, wie ich sie anwendete, um so stärker bemerkbar wird.

Hiernach liess sich schon im Voraus erwarten, dass bei Anwendung eines längeren cylindrischen Ansatzes die erwähnte Verschiedenheit noch stärker hervortreten würde. Ich wählte demnach zu weiteren Versuchen einen cylindrischen Ansatz, welcher in der Fig. 4 in vergrössertem Durchschnitte dargestellt ist, und bei welchem die Höhe des Cylinders ungefähr das Vierfache der Grösse des Durchmessers betrug. Es war nämlich der Durchmesser der Oeffnung $= 0{,}41$ Millimeter, also nur unbedeutend grösser, als der der vorigen Oeffnung, die Dicke der Platte dagegen, welche diesmal auch die Höhe des Cylinders darstellte, = 1,6511 Millimeter. Der Ansatz erwies sich ebenfalls als genügend vollkommen cylindrisch, indem durch Umkehren desselben in den Resultaten nur geringe Verschiedenheiten herbeigeführt wurden, wie aus den nachstehenden Versuchen hervorgehen wird.

Sechster Versuch. Ausströmen durch den langen cylindrischen Ansatz.

$$\mathfrak{B} = 749^{mm},6 \; t^0 = 8^0,6$$

Druckhöhen.	Zeiten.	Ausflusscoefficienten.
109,82	6	0,65193
69,63	6	0,62594
39,23	6	0,59778
18,09	6	0,54280
5,83	6	0,42930
0,91		

$$2\lambda' - H = 41,81$$

Siebenter Versuch. Ausströmen durch den langen cylindrischen Ansatz bei umgekehrter Lage der Platte.

$$\mathfrak{B} = 753^{mm},5 \; t^0 = 6^0,75$$

Druckhöhen	Zeiten.	Ausflusscoefficienten.
109,84	6	0,66736
68,93	6	0,64518
38,03	6	0,60786
17,07	6	0,54605
5,24	6	0,39181
0,91		

$$2\lambda' - H = 41,81$$

Achter Versuch. Einströmen durch den langen cylindrischen Ansatz; die Lage desselben der im sechsten Versuche entsprechend.

$$\mathfrak{B} = 735,5 \; t^0 = 6^0,75$$

Druckhöhen.	Zeiten	Ausflusscoefficienten.
77,00	6	0,64604
43,31	6	0,61696
20,29	6	0,56966
6,75	6	0,46862
1,07		

$$2\lambda' + H = 117,79$$

Neunter Versuch. Einströmen durch den langen cylindrischen Ansatz; die Lage desselben der im siebenten Versuch entsprechend.

$\mathfrak{B} = 749^{mm},6 \; t^0 = 8^0,6$

Druckhöhen.	Zeiten.	Ausflu-scoefficienten.
77,01	6	0,65931
42,61	6	0,62626
19,45	6	0,56881
6,24	6	0,45597
0,94		

$2\lambda' + H = 117,79$

Das Resultat der vorstehenden Versuche ist nun zweifellos dies, dass ein derartiger langer enger cylindrischer Ansatz nicht nur den numerischen Wert der Ausflusscoefficienten für Oeffnungen in dünner Wand bedeutend vermindert, sondern auch ein anderes Gesetz der Abhängigkeit dieser Coefficienten von dem Drucke bedingt, indem diese viel stärker und rascher mit der Druckhöhe abnehmen, als es bei Anwendung des kürzeren Ansatzes der Fall war. Dies Resultat disharmonirt nun noch im höheren Grade mit demjenigen, welches für cylindrische Ansätze, deren Oeffnungen weit grösser sind, bei welchen aber das Verhältnis der Höhe zum Durchmesser dasselbe, wie bei dem von mir angewandten Ansatze ist, aufgestellt worden ist, indem für grössere Oeffnungen bei einem solchen Verhältnisse erst die volle Wirkung des cylindrischen Ansatzes hervortritt, welche darin besteht, dass die Ausflussmenge in einem bestimmten, mit dem Drucke nur wenig veränderlichen Verhältnisse vermehrt wird. Es ist daher diese auffallende Modification der Resultate nur in einem durch die Kleinheit der Oeffnung bedingten, s. g. capillaren Widerstande zu suchen.

Wie sehr übrigens bei einer solchen engen Oeffnung nur unbedeutende in derselben vorhandene Unreinigkeiten auf das Resultat von Einfluss sein können, möge noch der folgende Versuch beweisen, bei welchem die Oeffnung, wie ich erst nachher mit Hülfe des Microscopes bemerken konnte, nur in sehr geringem Grade durch etwas Staub verunreinigt war. Es zeigt sich hier sowohl der numerische Wert der Ausflusscoefficienten geringer, als auch das Gesetz der Abnahme derselben mit dem Drucke stärker hervortretend, als bei den vorigen Versuchen.

Zehnter Versuch. Ausströmen durch den (etwas verunreinigten) langen cylindrischen Ansatz; die Lage desselben, wie in Versuch 7.
$\mathfrak{H} = 742^{mm},0 \; t^0 = 8^0,7$.

Druckhöhen.	Zeiten.	Ausflusscoefficienten.
110,21	6	0,63096
71,63	6	0,59123
42,30	6	0,58265
21,38	6	0,52471
8,27	6	0,43839
1,98	6	0,27877
0,23		

$2\lambda' - H = 139,76$.

Um nun auch den Einfluss, den das Kleinerwerden der Durchmesser derartiger Oeffnungen ausübt, direct nachzuweisen, wählte ich eine Oeffnung, deren Durchmesser weit kleiner war, als der der bisher angewendeten Oeffnungen, bei welcher aber die Höhe des Cylinders nur wenig grösser war, als der Durchmesser der Basis. Diese Oeffnung ist in Fig. 5 in vergrössertem Durchschnitte dargestellt: der Durchmesser der Oeffnung betrug 0,26, die Höhe des Cylinders 0,3025 Millimeter. Die Umkehrung der Platte bewirkte auch hier nur sehr geringe Unterschiede, so dass also auch hier der bei umgekehrter Platte vor der Oeffnung befindliche Raum e f g h ohne Einfluss zu sein schien.

Elfter Versuch. Ausströmen durch den engen cylindrischen Ansatz.
$\mathfrak{B} = 738^{mm},8 \; t^0 = 10^0,75.$

Druckhöhen.	Zeiten.	Ausflusscoefficienten.
109,81	6	0,67955
91,73	6	0,66251
75,55	6	0,65561
60,99	6	0,66011
47,83	6	0,63180
36,65	6	0,62650
27,01	6	0,61381
18,96	6	0,58317
12,61	6	0,57384
7,61	6	0,53926
4,05	6	0,47087
1,85	6	0,39953
0,65	6	0,26704
0,19		

$2\lambda' - H = 41,77.$

Zwölfter Versuch. Ausströmen durch den engen cylindrischen Ansatz, bei umgekehrter Lage der Platte.
$\mathfrak{B} = 736^{mm},9 \; t^0 = 10^0,25.$

Druckhöhen.	Zeiten.	Ausflusscoefficienten.
110,00	6	0,68881
92,04	6	0,67448
75,90	6	0,65990
61,52	6	0,66304
48,53	6	0,64789
37,25	6	0,64464
27,47	6	0,61906
19,45	6	0,60055
12,97	6	0,60547
7,75	6	0,54486
4,19	6	0,51517
1,82	6	0,36061
0,74	6	0,34874
0,15		

$2\lambda' - H = 139,76.$

Dreizehnter Versuch. Einströmen durch den engen cylindrischen Ansatz; die Lage der in Versuch 11 entsprechend.

$\mathfrak{B} = 736^{mm},2 \; t^0 = 10^0,75.$

Druckhöhen.	Zeiten.	Ausflusscoefficienten.
77,01	6	0,67477
61,37	6	0,67273
47,60	6	0,64998
36,00	6	0,64714
26,09	6	0,63480
17,99	6	0,62746
11,43	6	0,59147
6,61	6	0,55780
3,27	6	0,49877
1,27	6	0,42417
0,30		

$2\lambda' + H = 117,79.$

Vierzehnter Versuch. Einströmen durch den engen cylindrischen Ansatz; die Lage der in Versuch 12 entsprechend.

$\mathfrak{B} = 738^{mm},8 \; t^0 = 10,75.$

Druckhöhen.	Zeiten.	Ausflusscoefficienten.
76,90	6	0,66687
61,45	6	0,65753
47,98	6	0,64892
36,35	6	0,64574
26,41	6	0,62076
18,38	6	0,60274
11,98	6	0,58869
7,05	6	0,54500
3,65	6	0,48749
1,55	6	0,41427
0,46		

$2\lambda' + H = 117,79.$

Das Ergebnis dieser Versuche ist nun fast ganz dasselbe, wie das, welches aus den mit der vorigen Oeffnung angestellten Versuchen hervorging. Es zeigt sich also deutlich, dass in diesem Falle ein cylindrisches Ansatzstück von kleinem Durchmesser und geringer Höhe einen ganz ähnlichen und ähnlich wirkenden Widerstand bedingt, wie ein Ansatzstück von etwas grösserem Durchmesser und zugleich grösserer Höhe.

Es lässt sich daher ans allen diesen Versuchen das allgemeine Resultat ableiten, dass zwar für sehr kleine Oeffnungen in dünner Wand, wie sie durch Anwendung eines passenden conisch divergenten Ansatzstückes erhalten werden, die Gesetze des Ausflusses im Wesentlichen dieselben zu sein scheinen, wie die für grössere Oeffnungen geltenden; dass aber, sobald die kleine Oeffnung nur eine geringe Dicke besitzt, sich sofort ein Widerstand bemerkbar macht, welcher immer stärker wird, je kleiner der Durchmesser der Oeffnung und je grösser die Dicke derselben ausfällt, und welcher sich darin äussert, dass nicht nur für gleiche Druckhöhen die numerischen Werte der Ausflusscoefficienten immer kleiner werden, sondern auch, dass dieselbe bei kleiner werdenden Druckhöhen in einem immer rascheren Verhältnisse abnehmen. Hieraus lässt sich nun leicht der Schluss ziehen, dass durch eine hinreichend kleine und enge Oeffnung ein Gas bei einem gewissen Drucke nicht mehr hindurchzuströmen vermag, ein Satz, der schon vor langer Zeit von Magnus ausgesprochen und experimentell nachgewiesen worden ist (S. Pogg. Ann. B. X p. 160).

Somit hätten wir die Aufgabe, die wir uns bei unseren Versuchen stellten, nämlich die für kleine und enge Oeffnungen auftretenden Modificationen beim Ausflusse wenigstens der Art nach festzustellen, gelöst, und es muss nun weiteren Versuchen vorbehalten bleiben, einerseits den numerischen Wert der Coefficienten genauer zu bestimmen, und andererseits das Gesetz, nach welchem dieser Wert von der Grösse des Druckes und den Dimensionen der Ausflussöffnung abhängt, genau mathematisch auszudrücken.

Schliesslich mögen noch hier die Versuche einen Platz finden, welche mit der zuerst beschriebenen conischen Oeffnung angestellt wurden, indem dieselbe umgekehrt wurde, wodurch man einen conisch convergenten Ansatz erhielt.

Fünfzehnter Versuch. Ausströmen durch den conisch convergenten Ansatz.

$\mathfrak{B} = 753^{mm},6 \; t^0 = 6^0,75.$

Druckhöhen	Zeiten.	Ausflusscoefficienten.
109,85	6	0,81714
73,05	6	0,81570
43,41	6	0,81482
21,25	6	0,79853
7,05	6	0,72577
0,76		

$2\lambda' - H = 41,77.$

Sechzehnter Versuch. Einströmen durch den conisch convergenten Ansatz.

$\mathfrak{B} = 750^{mm},1 \; t^0 = 6^0,25.$

Druckhöhen.	Zeiten.	Ausflusscoefficienten.
76,96	6	0,83697
44,87	6	0,82226
21,89	6	0,82404
7,11	6	0,79037
0,55		

$2\lambda' + H = 117,79.$

Ein solcher conisch convergenter Ansatz liefert also eine grössere Ausflussmenge, als unter gleichen Umständen eine Oeffnung in dünner Wand; wenn auch im vorliegenden Falle dieser Unterschied kein sehr bedeutender ist, wie sich dies bei der Grösse des Convergenzwinkels auch voraussehen liess; immerhin zeigt sich aber auch hier bei abnehmender Druckhöhe ein deutliches, wenn auch nicht sehr rasch erfolgendes Abnehmen des Wertes der Ausflusscoefficienten. Jedenfalls liegen die für conisch convergente Ansätze stattfindenden Erscheinungen in der Mitte zwischen denen, welche Oeffnungen in dünner Wand und denen, welche cylindrische Ansätze darbieten; denn eine Oeffnung in dünner Wand lässt sich als ein

Kegel ansehen, dessen Convergenzwinkel $= 180^0$ ist, und ein cylindrischer Ansatz kann als ein Kegel betrachtet werden, dessen Convergenzwinkel gleich Null geworden ist. —

Am Schlusse dieser Arbeit ist es mir eine angenehme Pflicht, Herrn Professor Melde, dem ich die Anregung zu der Wahl und Behandlung des vorliegenden Themas verdanke, hiermit öffentlich meinen besten Dank auszusprechen. —

Sätze.

I.
Die Atome müssen sowohl quantitativ, als qualitativ verschieden gedacht werden.

II.
Das Verhalten der Körper beim Uebergange in einen anderen Aggregatzustand bedingt keine Ausnahme des Satzes: Natura non facit saltus.

III.
Ein physikalisches Gesetz ist erst dann als richtig erkannt anzusehen, wenn es gelungen ist, dasselbe in die Sprache der Mathematik zu übersetzen.

IV.
Das Negative und das Imaginäre haben ihre geometrische Bedeutung.

V.
Der Satz von den unbestimmten Coefficienten ist nicht in allen Fällen richtig.

VI.
Eine Geometrie, die ganz und gar der Hülfe der Rechnung entbehren könnte, gibt es nicht.

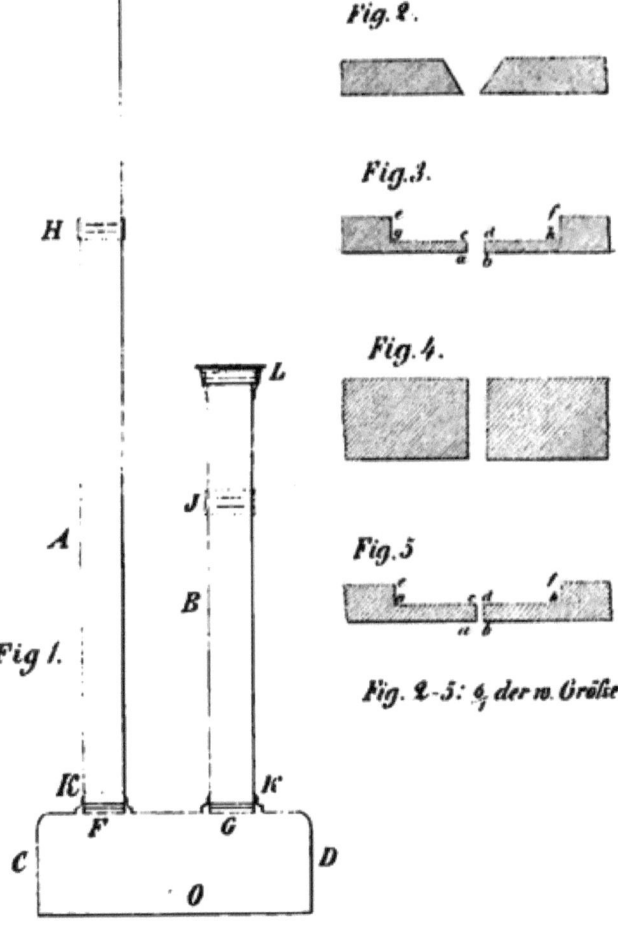